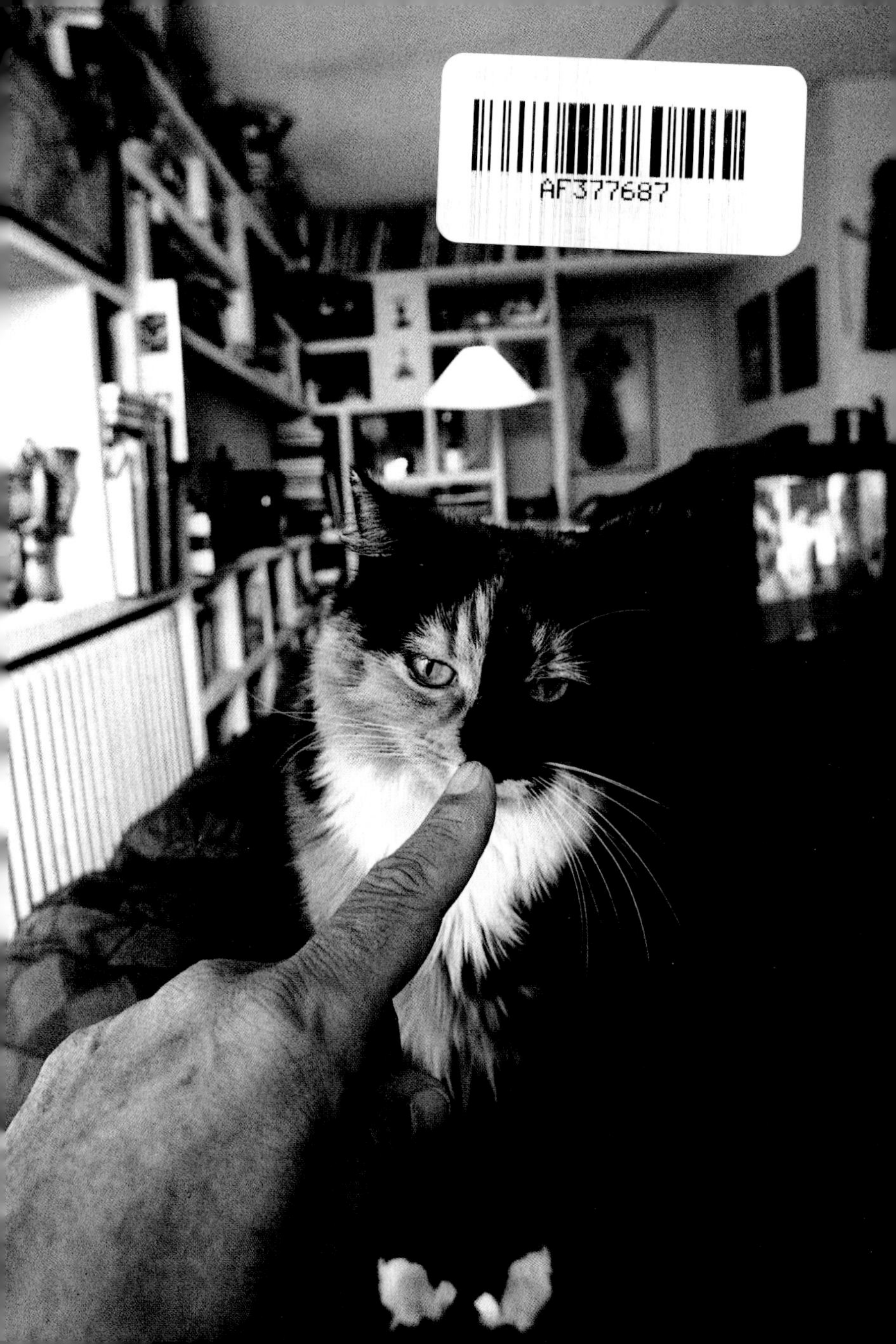
AF377687

Editado por La Fábrica
con la colaboración de Obra Social Caja Madrid

Biblioteca de Fotógrafos Españoles

Ramón Masats

PHotoBolsillo

25

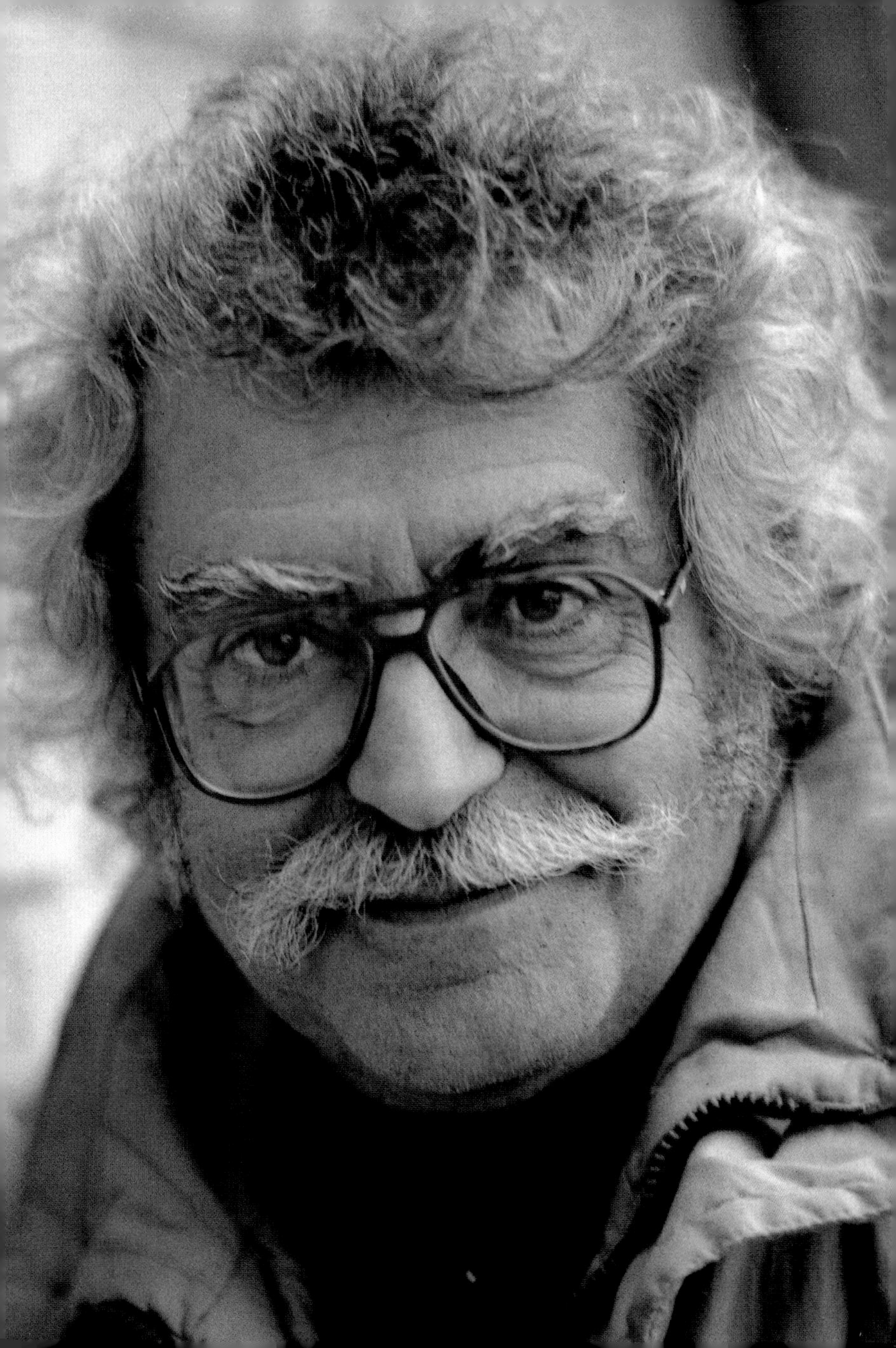

Ramón Masats
Magia y realidad

Publio López Mondéjar

En el año ya remoto de 1957, en pleno tiempo de silencio, Ramón Masats Tartera expuso por primera vez sus fotografías en los vetustos salones de la Agrupación Fotográfica de Cataluña, junto a Ricard Terré y Xavier Miserachs. En plena rutina oficialista, la exposición tuvo una gran resonancia en los círculos fotográficos, junto a las realizadas por Català-Roca en la sala Caralt (1953) y Leopoldo Pomés en las Galerías Laietanas (1955). Aún siendo una muestra inaugural, no faltaron los que intuyeron ya las grandes dotes de Masats para el reportaje, un género entonces casi proscrito en una España que perseguía encarnizadamente las libertades y, muy singularmente, la libertad de expresión. En aquellas primeras imágenes, Masats mostraba ya sus privilegiadas condiciones para captar lo que otros no alcanzaban a ver o a expresar, como se hacía evidente en sus primeros reportajes de Barcelona, en los que se anuncia al futuro gran reportero, pleno de fuerza, intuición y determinación. No es nada extraño que en aquel mismo año Otto Steiner, animador de la llamada «Fotografía Subjetiva», invitase a Masats y a Miserachs a participar en la exposición «Images Inventées», celebrada en el Palacio de Bellas Artes de Bruselas. Era la primera vez que dos fotógrafos españoles colgaban sus obras al lado de maestros como Minor White, Man Ray, Moholy Nagy o el propio Steiner.

Dos años después, Masats, Miserachs y Terré volvían a exponer juntos, abriendo el ciclo de exposiciones fotográficas de la histórica sala Aixelá. Para entonces, ya no eran simples promesas los que colgaban sus fotografías, sino fotógrafos dueños ya de una voz propia, diferenciada y solvente. «Masats —escribió entonces el influyente crítico J.S. Casademont— es la obsesión por la pureza. Para quien haya visto sus fotografías no es necesario decir que sus dotes son las del reportero en el más puro sentido de la palabra. Aquí no hay composición ni preocupación formal alguna. Ni aprendida ni innata. Porque lo que es innato en Masats es captar de un solo golpe de vista el valor del asunto en sí. Todo lo imprevisto o característico de un acontecimiento es captado por lo que se diría rapidez refleja de su obturador». Por no haber, en Masats no había ni influencias aparentes, no sabemos si por ignorancia por lo

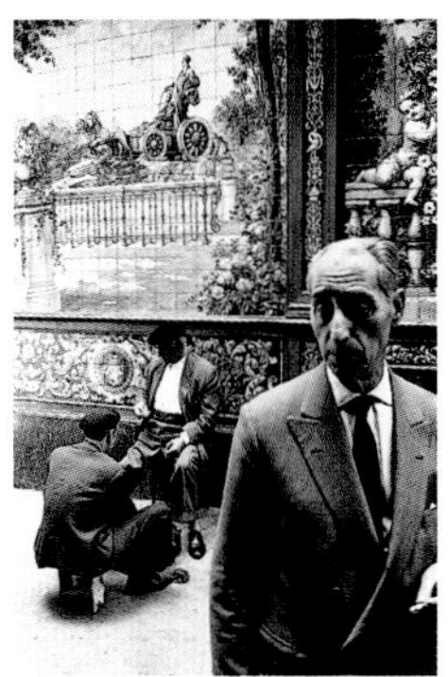

Madrid, 1982

que entonces se hacía en el campo de la fotografía o por un orgulloso desdén hacia la misma. En realidad nunca aceptó el magisterio de nadie, aunque en sus fotografías primeras se encuentren fugazmente algunos rasgos de William Klein o Cartier-Bresson, seguramente los dos fotógrafos —especialmente el segundo— que más le fascinaron de joven.

Nacido en Caldes de Montbui en 1931, Masats llegó a Barcelona en 1955 y en ese mismo año ingresó en la Sociedad Fotográfica de Cataluña, uno de los cenáculos más emblemáticos de aquella fotografía bajo palio del franquismo que, nacida de una costilla del tardopictorialismo, buscaba ocultar o maquillar la realidad de aquella España de la autarquía, el racionamiento y el estraperlo. Pronto buscó la cercanía de otros jóvenes poco proclives a la sumisión y a la rutina, como Xavier Miserachs, Ricard Terré, Oriol Maspons o Julio Ubiña, con los que acabaría compartiendo una cierta insurgencia que les acercó al grupo AFAL, el primero en oponerse al espíritu rancio de las asociaciones. Así le recordaría Miserachs años después: «Masats había aterrizado en el mundo fotográfico por un error literal: mientras hacía la mili le tocó en la tómbola una cámara Retina. Empezó a experimentar con ella, se apasionó por la magia del proceso, y acudió a la Agrupación con la intención de aprender más. Vital, sin formación estética propia, tenía un instinto extraordinario. Ningún prejuicio teórico coartaba su aproximación a la realidad. Jamás he vuelto a encontrar a alguien que comprendiese tan rápidamente para qué sirve una cámara». A estas cualidades, Masats añadía una intrépida seguridad en sus propias percepciones, un poderoso instinto fotográfico y un sentido irónico y transgresor que marcaría luego su mejor fotografía. Poco respetuoso con cualquier clase de jerarquía, sentía una visceral aversión por lo solemne o campanudo, que poco a poco le fue alejando de la ortodoxia academicista abanderada por la AFC.

Todo parecía preparado para la renovación cuando aquellos jóvenes aficionados comenzaron a considerar que la fotografía era algo más que un objeto ornamental, destinado a competir en los Concursos y tenazmente empeñada en parecerse a la pintura; algo que por su cuenta ya estaba haciendo también Leopoldo Pomés, otro adelantado a su tiempo. El ejemplo cercano de Català-Roca fue decisivo para ellos, al mostrarles un nuevo camino en el que tan importante era la ética profesional como la voluntad de integrar la fotografía en el contexto cultural de un país todavía sumido en la larga noche de piedra de la dictadura. Como Català-Roca, aquellos jóvenes se propusieron documentar la realidad del tiempo y del país en que vivían, voluntariamente alejados de cualquier tipo de retórica o doctrina. Y, a diferencia de los aficionados que entonces monopolizaban el dominio del arte fotográfico, se dispusieron a hacerlo a través del ejercicio de la fotografía como oficio. Una verdadera revolución en su momento, que cerraba un ciclo iniciado por los grandes reporteros de la anteguerra y por algunos maestros como Català-Pic, que habían sido los primeros en enfrentarse a la pretenciosidad pictorialista que el franquismo había hecho rebrotar. No se trataba sólo de sacar la fotografía de los mezquinos ámbitos gremialistas sino de acercarla a la sociedad, a la prensa, a la ilustración o al reportaje de actualidad. Algo impensable en aquella España de cuartel y sacristía, a la que aún le asomaba el pelo de la dehesa autárquico.

Masats fue uno de los miembros más adelantados de su pequeño y aguerrido grupo en dedicarse profesionalmente a la fotografía, mostrando desde sus primeras imágenes una excepcional intuición para captar el espectáculo de la vida, sin superfluos diletantismos, evitando siempre invadir la realidad y, menos aún, maquillarla o manipularla. Pronto supo que su camino estaba en el reportaje. Mientras Maspons, Miserachs, Pomés o Ubiña alternaban su trabajo en la calle y en el estudio, el decidió que su plató serían los pueblos y ciudades de aquella España mezquina que se preparaba para vivir el desarrollismo económico propiciado por el Plan de Estabilización de 1959. Él fue el primer gran reportero de su generación, el que con mayor talento supo captar la cambiante realidad del país, el más dotado para un género como el reportaje tan despreciado entonces —y aún ahora— por los albaceas de la ortodoxia fotográfica. De aquellos años son algunos de sus más admirables trabajos, como el ya célebre de «Los Sanfermines», iniciado en 1957, concluído en 1962 y

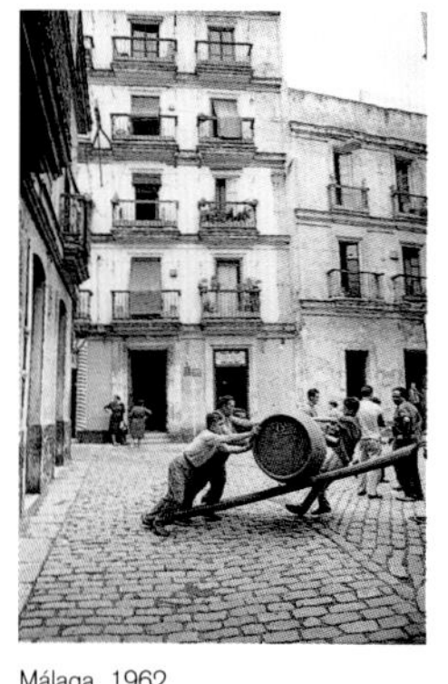

Málaga, 1962

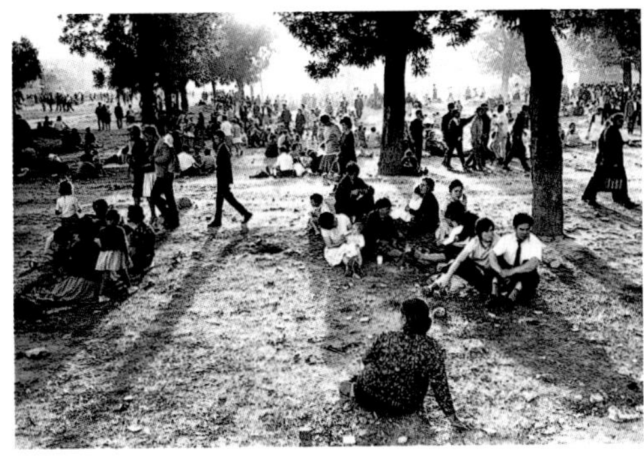

publicado en forma de libro un año después, con el que rompía abruptamente con la estética fotográfica tradicional, mostrando un sorprendente vigor creador, una pasmosa osadía para romper los convencionalismos formales y una intuición realmente portentosa. Con el tiempo «Los Sanfermines» han llegado a convertirse en una verdadera cumbre en la historia del reportaje fotográfico español, un hito luminoso que contribuyó de una manera decisiva al cambio fotográfico que entonces se iniciaba. En él se encuentran ya algunas de las mejores imágenes de su autor, como ese toro agonizante en la inmensa soledad del ruedo que semeja una escultura de piedra y de sangre, un símbolo de la emoción, de la bravura y el desgarro de la muerte. Una fotografía que, junto a otras ya clásicas como «Mujer pintando el suelo» (Tomelloso, 1960), «Seminaristas» (Madrid, 1960) o «Gimnasio» (Madrid, 1962), ocupan ya un sitio privilegiado en la historia de la fotografía universal. De aquellos años es también el espléndido libro *Neutral Corner* (1962), quizás el más rotundo e irreprochable de su autor, en el que nos ofrece una visión deslumbrante e inédita del sórdido universo del boxeo, poblado de seres marginales que luchan por su menguada parcela de esperanza en los arrabales desolados de las grandes ciudades.

Con las primeras fotografías de «Los Sanfermines» bajo el brazo había llegado Masats a Madrid, un día ventoso y desapacible del otoño de 1957. Su contemplación produjo un verdadero deslumbramiento entre los miembros de lo que luego ha dado en llamarse Escuela de Madrid, con los que compartió algunos meses de camaradería —especialmente con Gabriel Cualladó y con Paco Gómez—, que les llevó a formar el efímero grupo La Palangana, que nunca pasó de ser una boutade del propio Masats. No eran buenos tiempos aquellos para la práctica de la fotografía profesional, en una ciudad de quiero y no puedo, en el que los inmigrantes iban dejando ya su huella y su presencia. Sólo los semanarios *Gaceta Ilustrada*, *Actualidad Española* o la histórica *Blanco y Negro* se mostraban capaces de suceder con alguna solvencia a las recordadas *Revista* o *Destino*, adoptando improvisadamente el modelo de *Life* o *París-Match*. En la primera ingresó Masats en 1958, tras episódicas colaboraciones en *Mundo Hispánico*, *Ya* y *Arriba*. Sus trabajos en estas publicaciones y el deslumbramiento producido por *Los Sanfermines* (1963) y *Neutral Corner* (1962) le acreditaron como el mejor reportero de su generación, tal como se encargaría de señalar años más tarde Carlos Saura, su compadre en aquellos primeros años de oficio compartido. «Pocos fotógrafos —ha escrito el gran director cinematográfico— me han dejado una huella tan profunda como Ramón Masats. No creo equivocarme si digo que con él se actualiza, renueva y moderniza el concepto de reportaje en España. Es uno de los grandes fotógrafos de este siglo, y no exagero». Ante sus cámaras fue pasando una España casposa y epilogal, en trance de desvanecerse ante la contaminación del turismo y el infortunio de la emigración. Una España maltrecha, con sus ulceraciones y desgarraduras, pero también con su magia y su misterio.

Una de las cosas más admirables de las fotografías de Ramón Masats es que son el resultado del ejercicio honesto y apasionado de un oficio, frente a la pueril insistencia de algunos en negar legitimidad creativa o artística a la fotografía profesional. Otras inquietudes profesionales le acercaron a partir de 1965 al cine y la televisión donde ha dejado trabajos excelentes como las películas *El que enseña* (1965) o *Topical Spanish* (1970) y las series televisivas *Conozca usted España* (1966), *Los ríos* (1966) o *Raíces* (1971). En 1981 volvió a dedicarse plenamente a la fotografía, aunque las nuevas exigencias

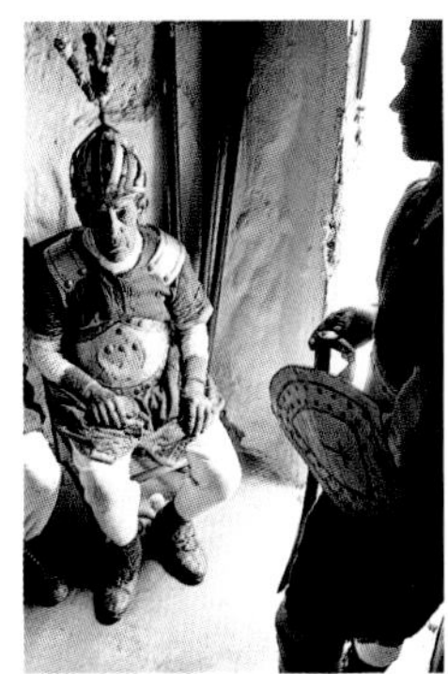

Arcos de la Frontera, 1959

editoriales le llevaron a utilizar casi exclusivamente el color, procedimiento que utiliza con una envidiable solvencia profesional, depurada en largos años de oficio y proximidad con la nueva cultura visual. Su trabajo fotográfico queda así nítidamente delimitado, con dos claros mojones que marcan la fisura entre el antes y el después, entre el lenguaje del blanco y negro y el del color. En sus nuevas fotografías ha depurado su mirada, la ha serenado, como se hace patente en libros como *Desde el cielo a España* (Lunwerg, 1988) o *Toro* (1998). No obstante, sus admiradores podrían añorar su antigua afición transgresora, el carácter heterodoxo y apasionado de sus reportajes primeros. Pero cuando este Masats maduro recupera su vieja pasión de reportero los resultados son deslumbrantes, como en esa imagen llena de magia tomada en Olvera en 1988, o en el retrato de Rafael de Paula (1983), que parece hecho para una estampa.

En estos largos años de ejercicio honesto y fecundo de profesión, este fotógrafo catalán en Madrid y madrileño en Cataluña, no ha perdido su afición por la soledad y el apartamiento. Por eso no sorprende que haya sido hasta ahora uno de los fotógrafos de su generación menos frecuentado por expertos y galeristas, lo cual no parece preocupar a un hombre como él, poco inclinado a dejarse seducir por el prestigio del éxito. Esto explicaría la sorpresa y la fascinación producidas por algunas de sus recientes exposiciones, especialmente por la espléndida muestra antológica celebrada en el Círculo de Bellas Artes de Madrid (1999), que recogía una selección de 150 fotografías en blanco y negro y en color. Imágenes luminosas de aquella España que comenzaba a desvanecerse ante sus cámaras, y cuya presencia sentimos viva gracias al trabajo de este fotógrafo ejemplar privilegiado con el don de la mirada.

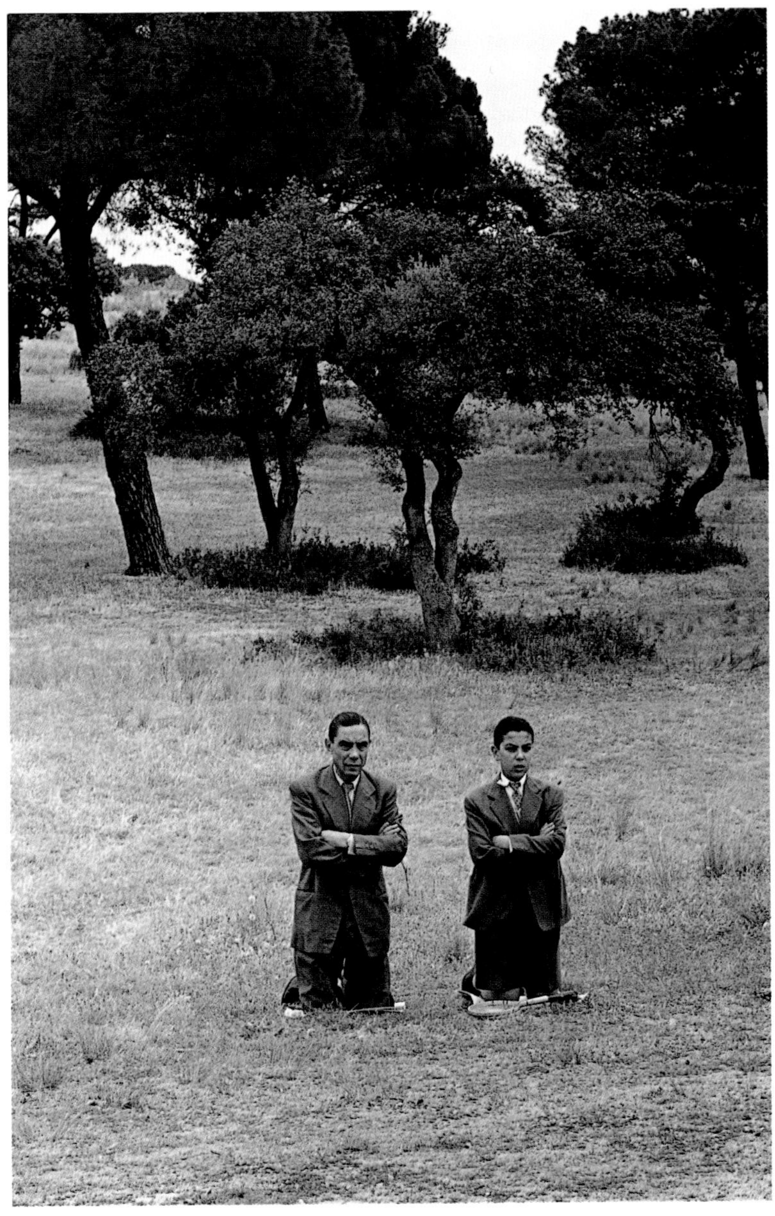

01. Madrid, 1958

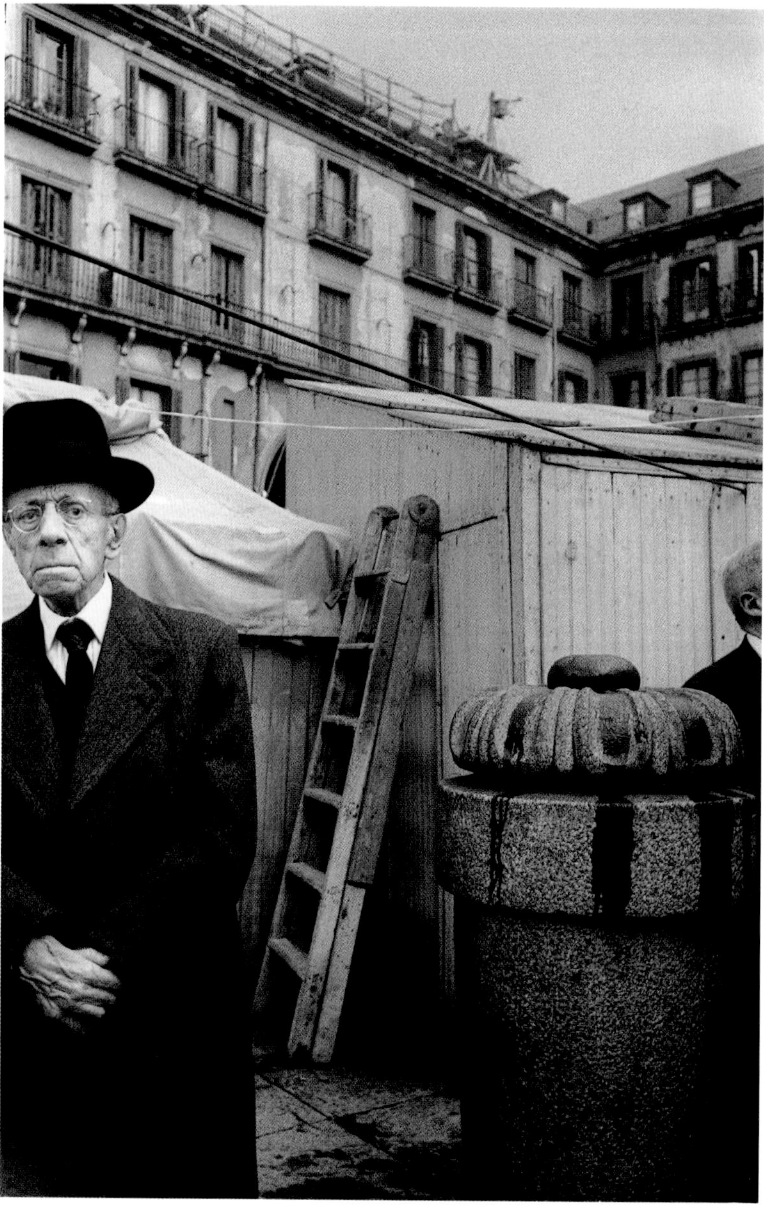

02. Madrid, 1958

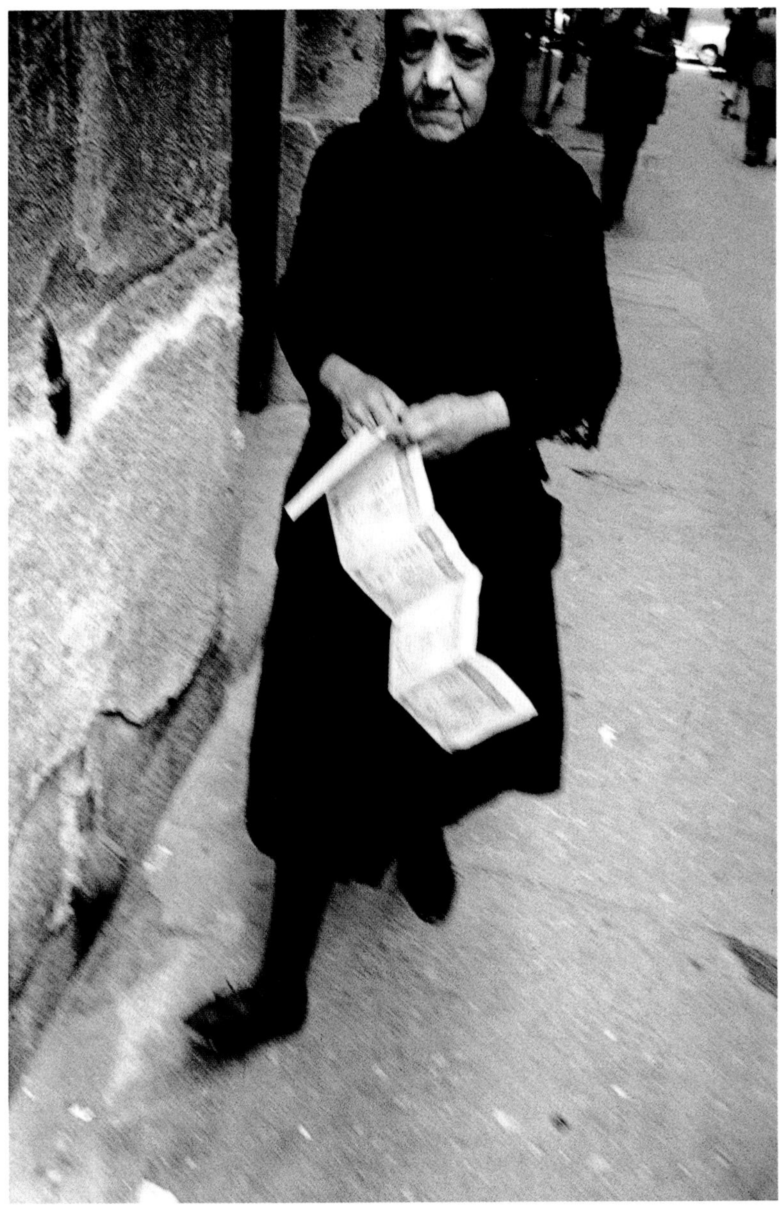

03. Madrid, 1958

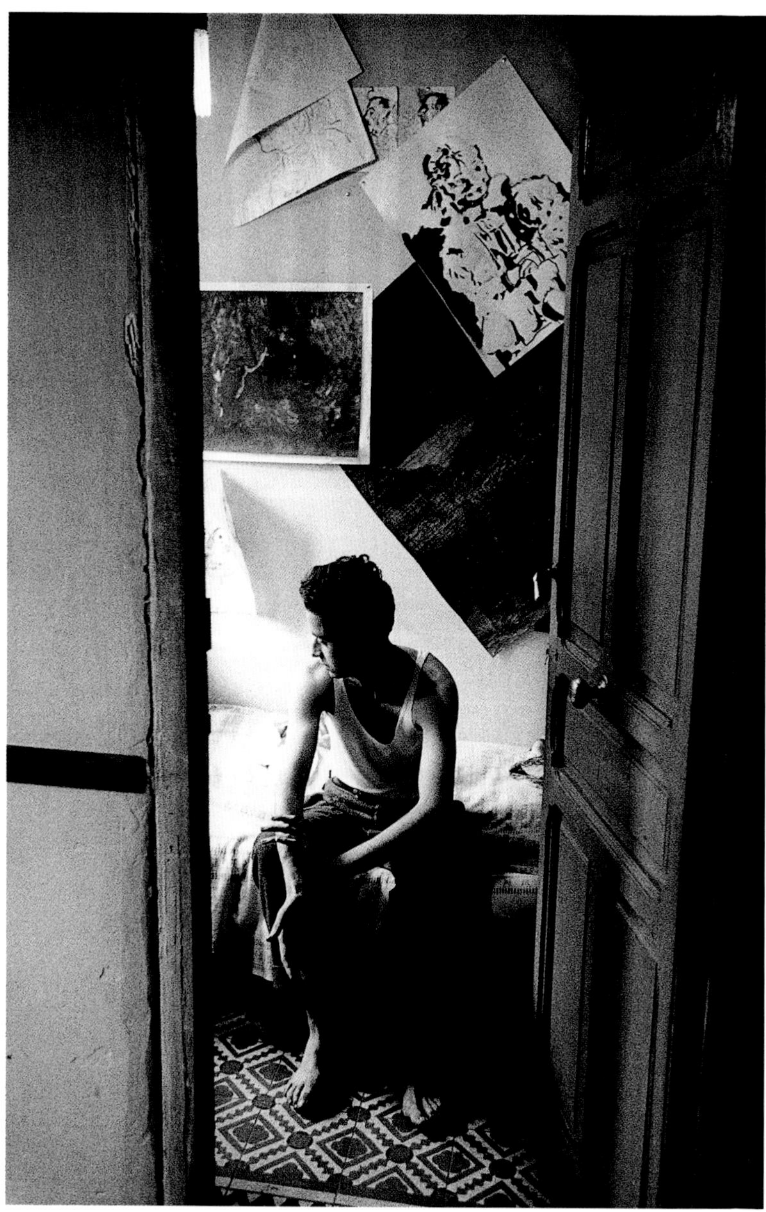

04. Jorge Castrillo, 1961

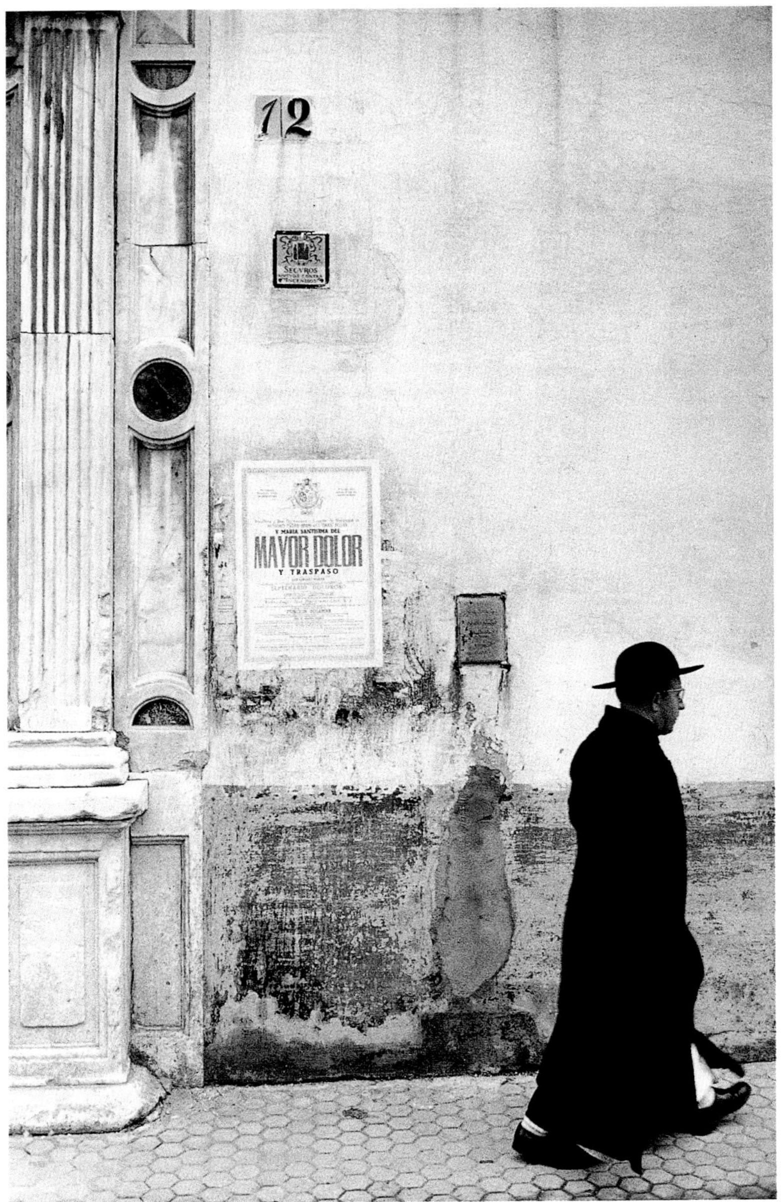

05. Málaga, 1960

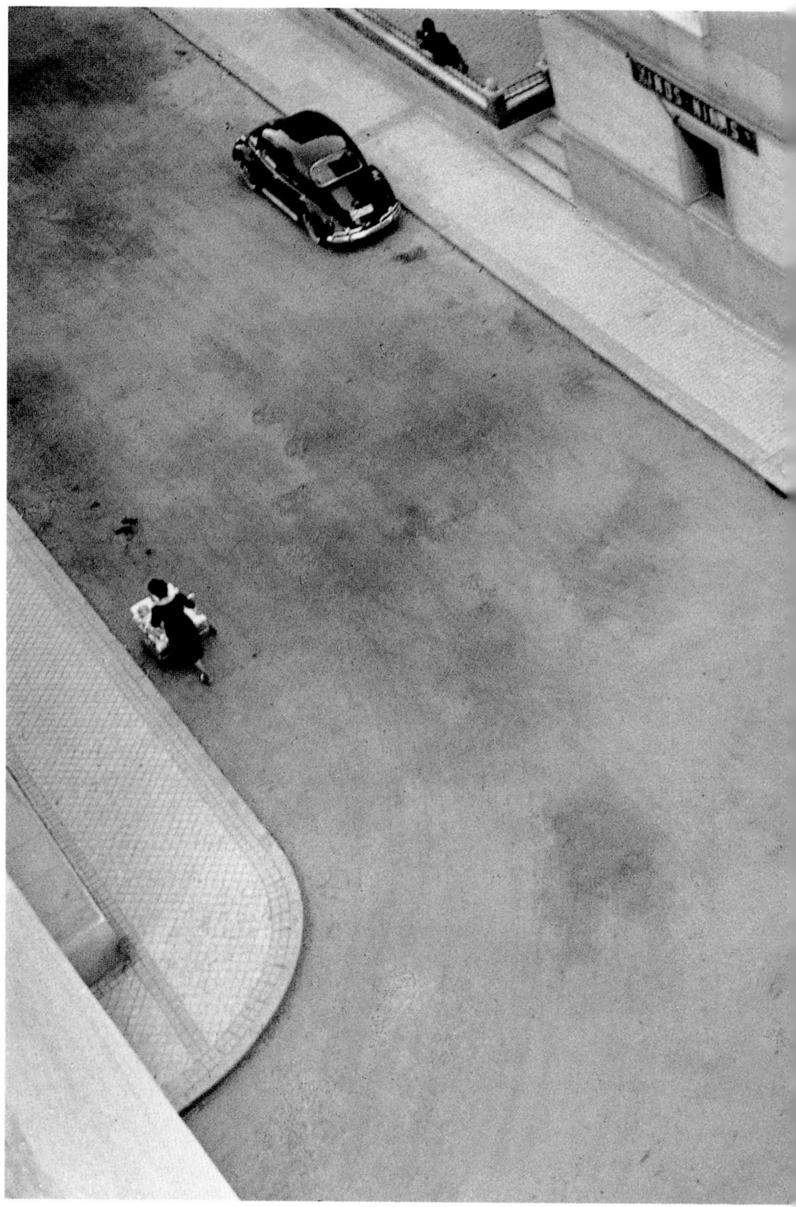

06. Madrid, 1958

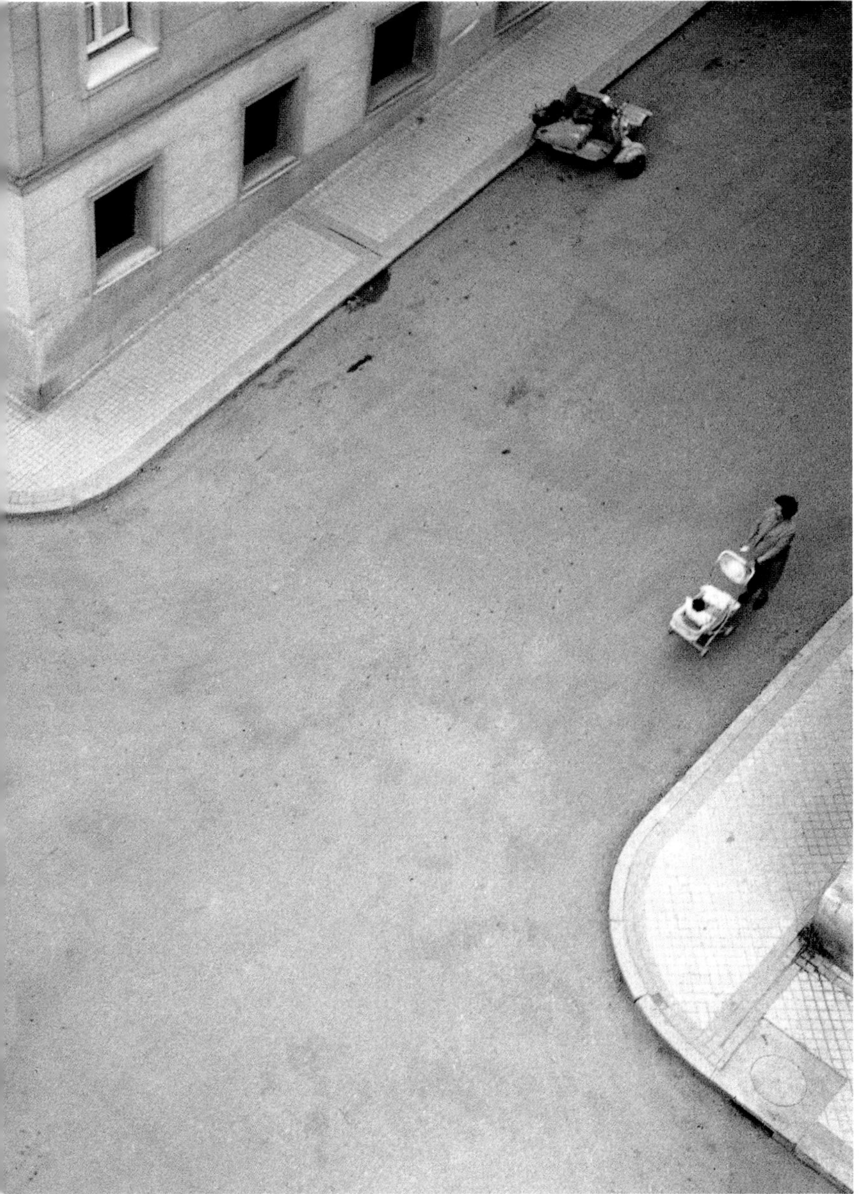

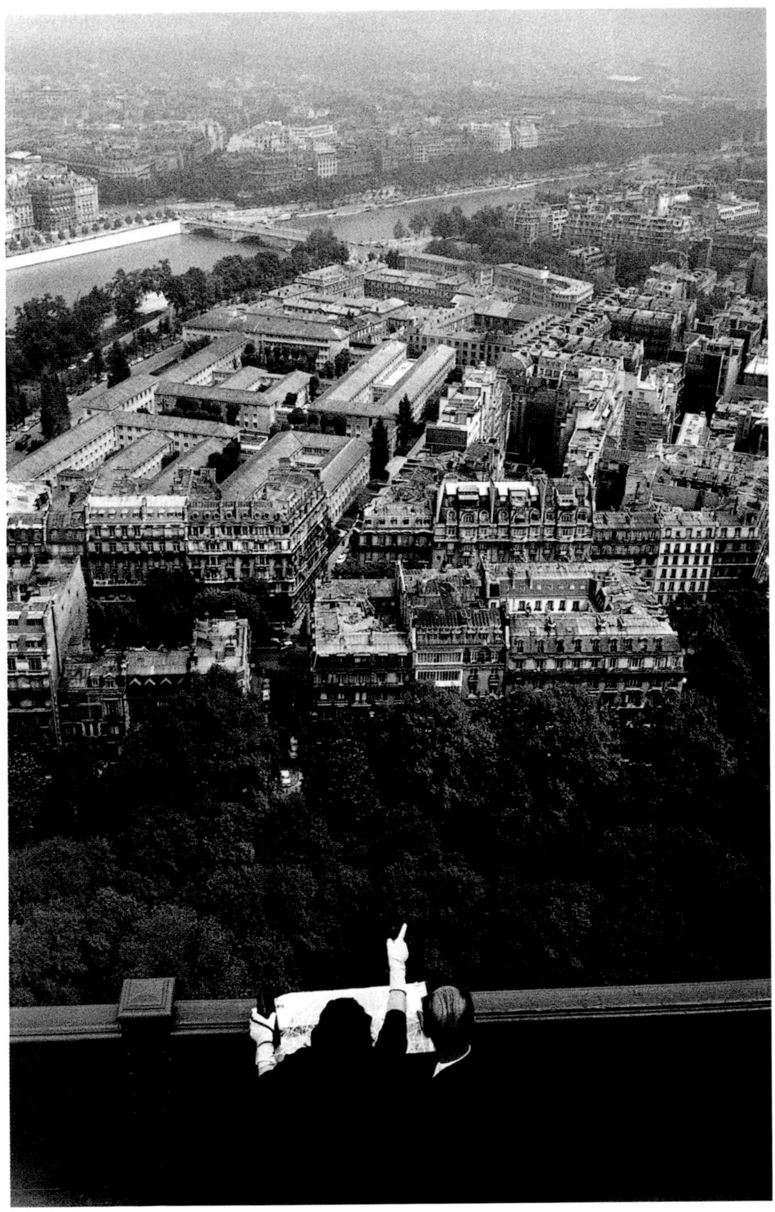

07. París, 1962

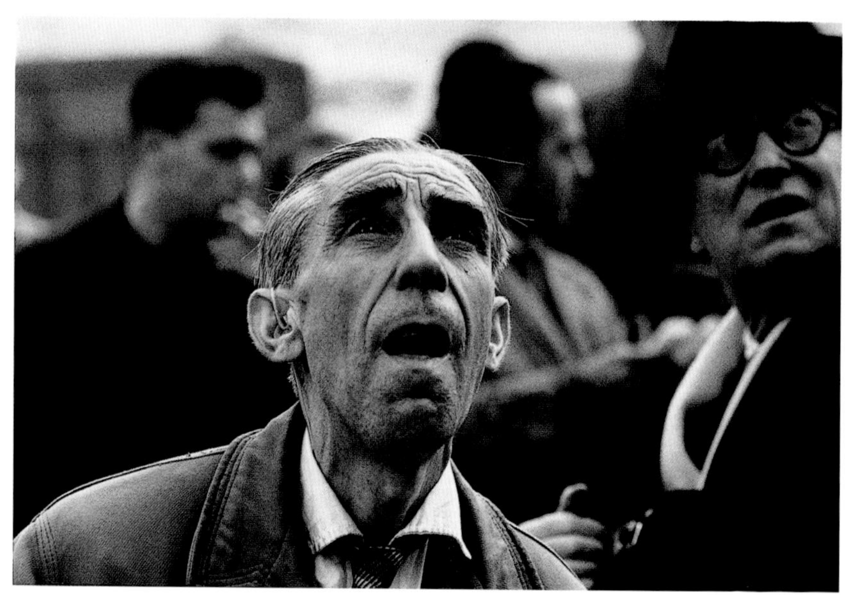

08. Madrid, 1964

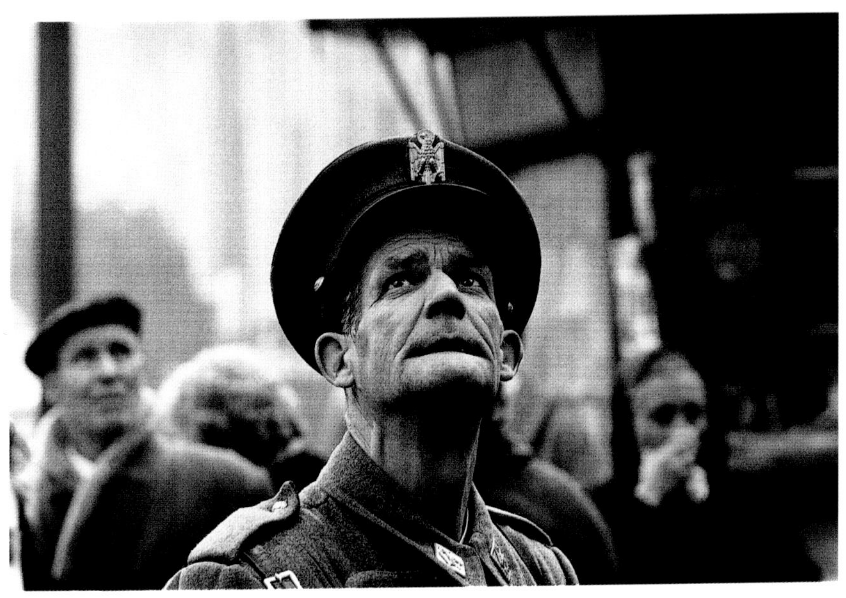

09. Madrid, 1964

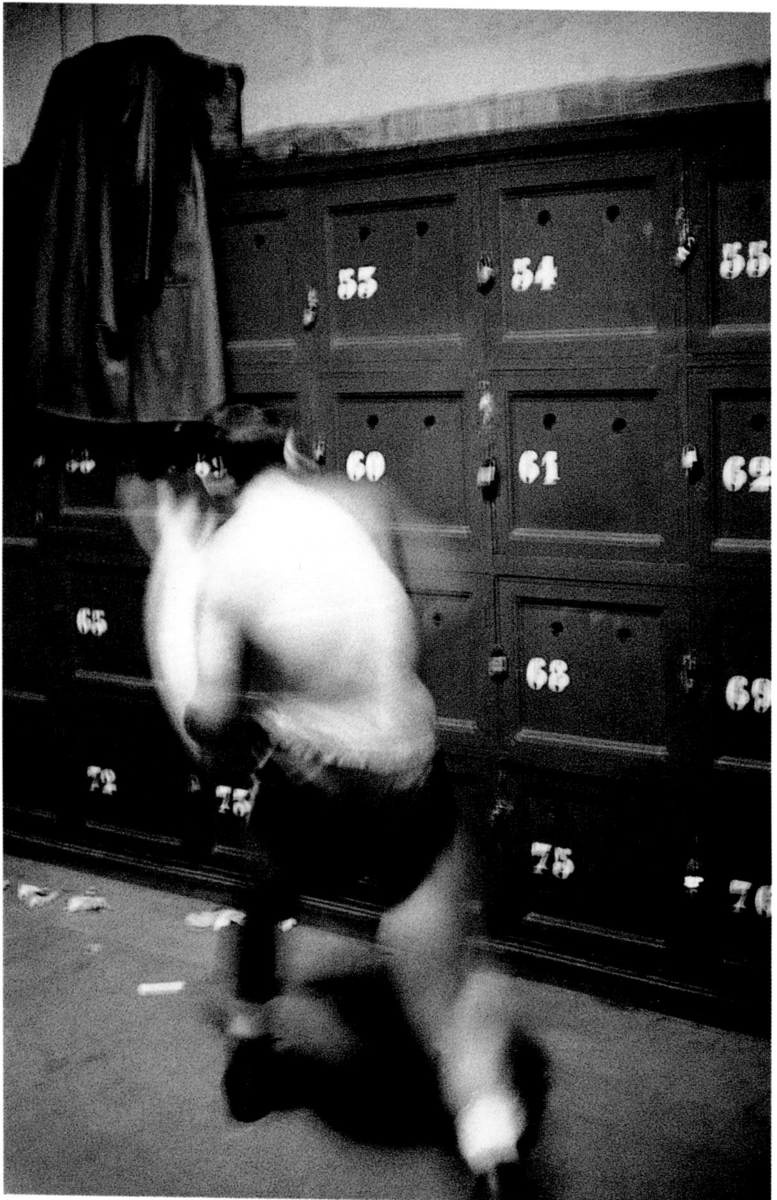

10. Madrid, 1962

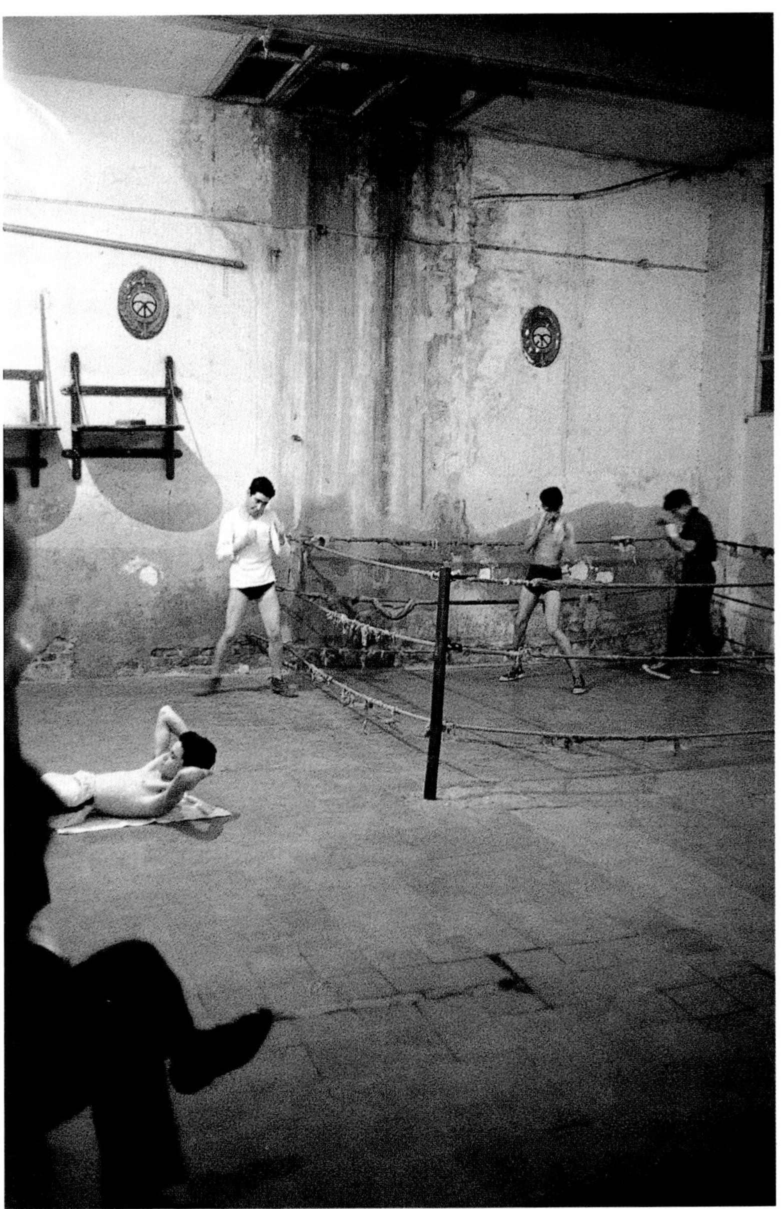

11. Madrid, 1962

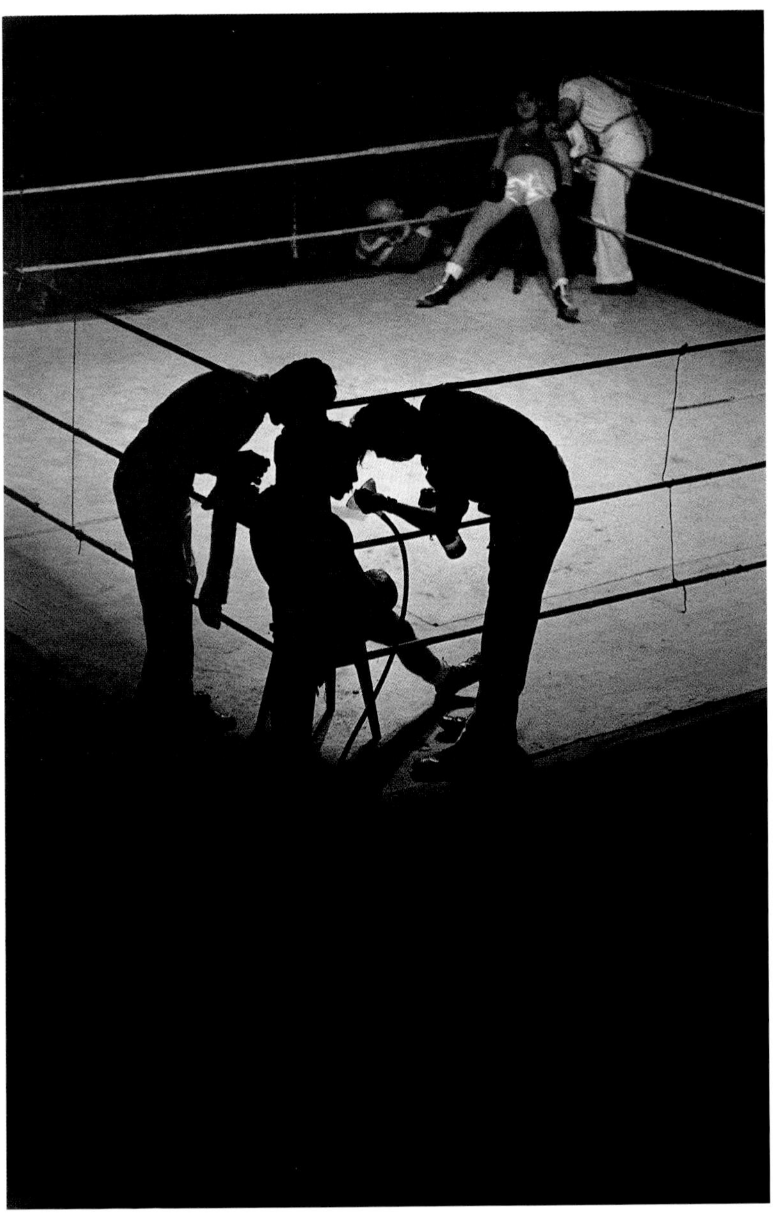

12. Madrid, 1962

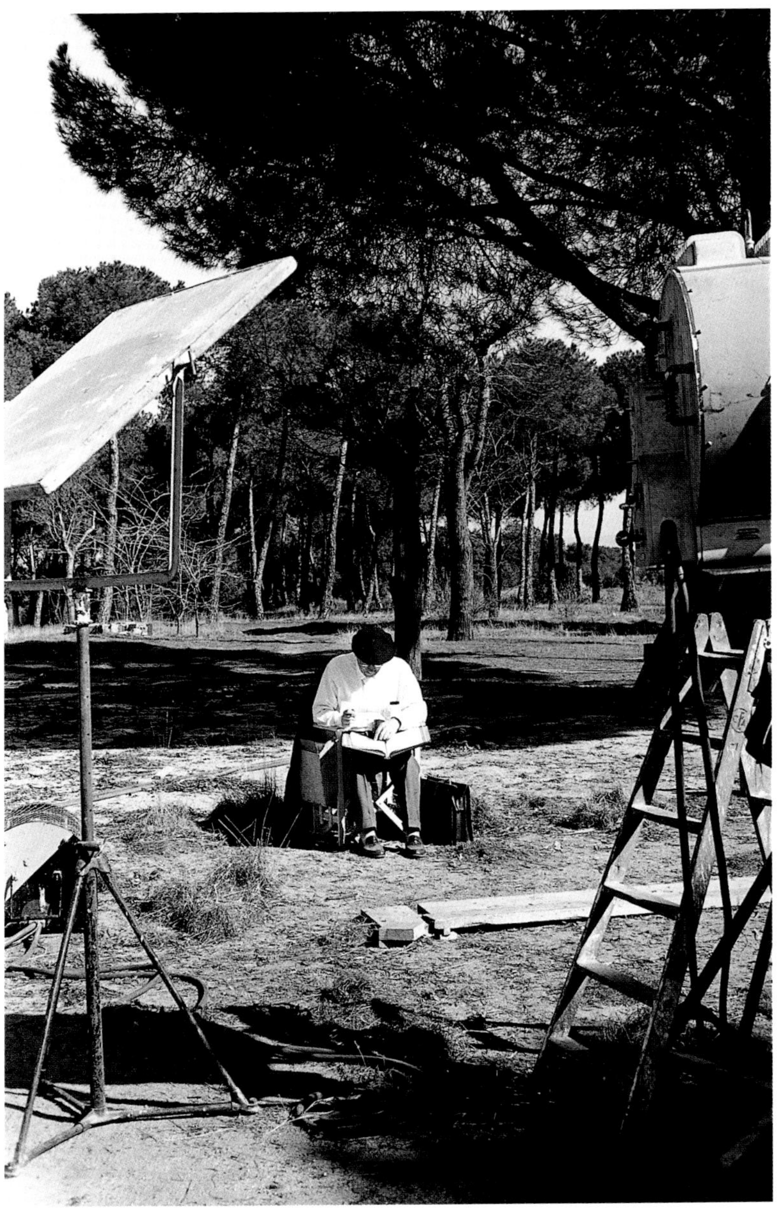

13. Buñuel, 1961

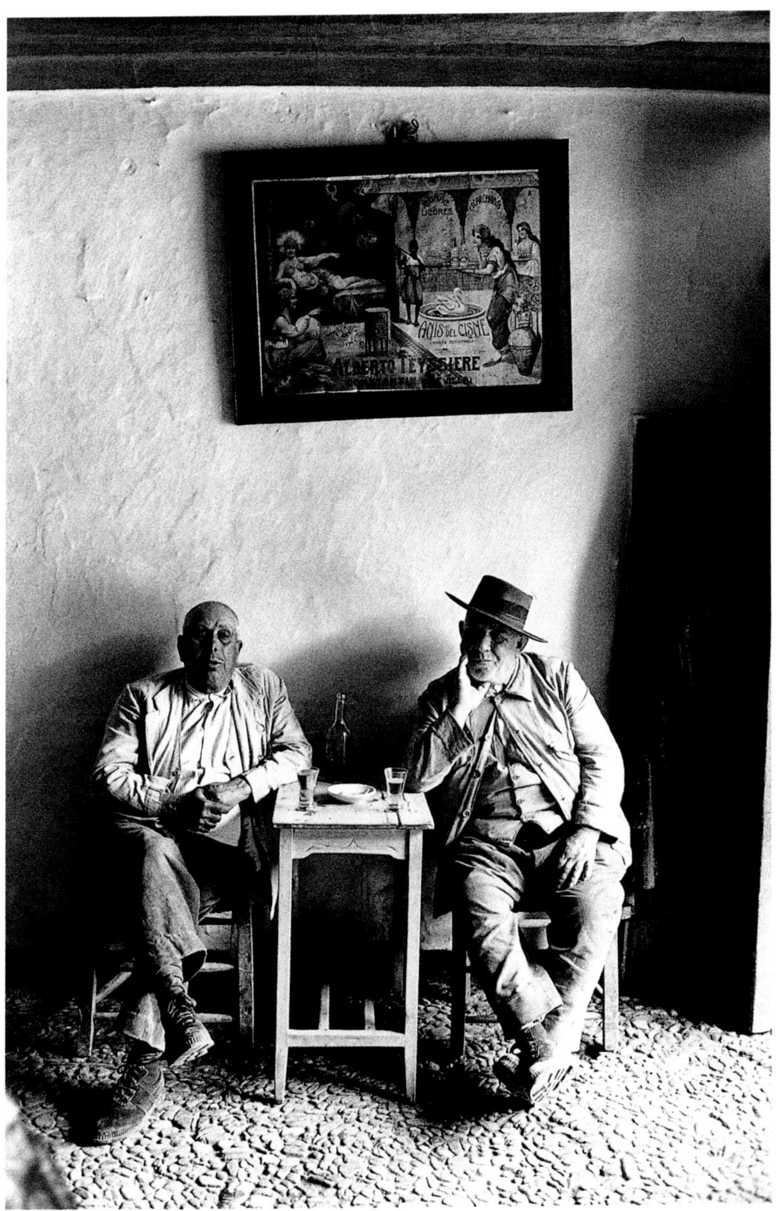

14. Olvera, Cádiz, 1959

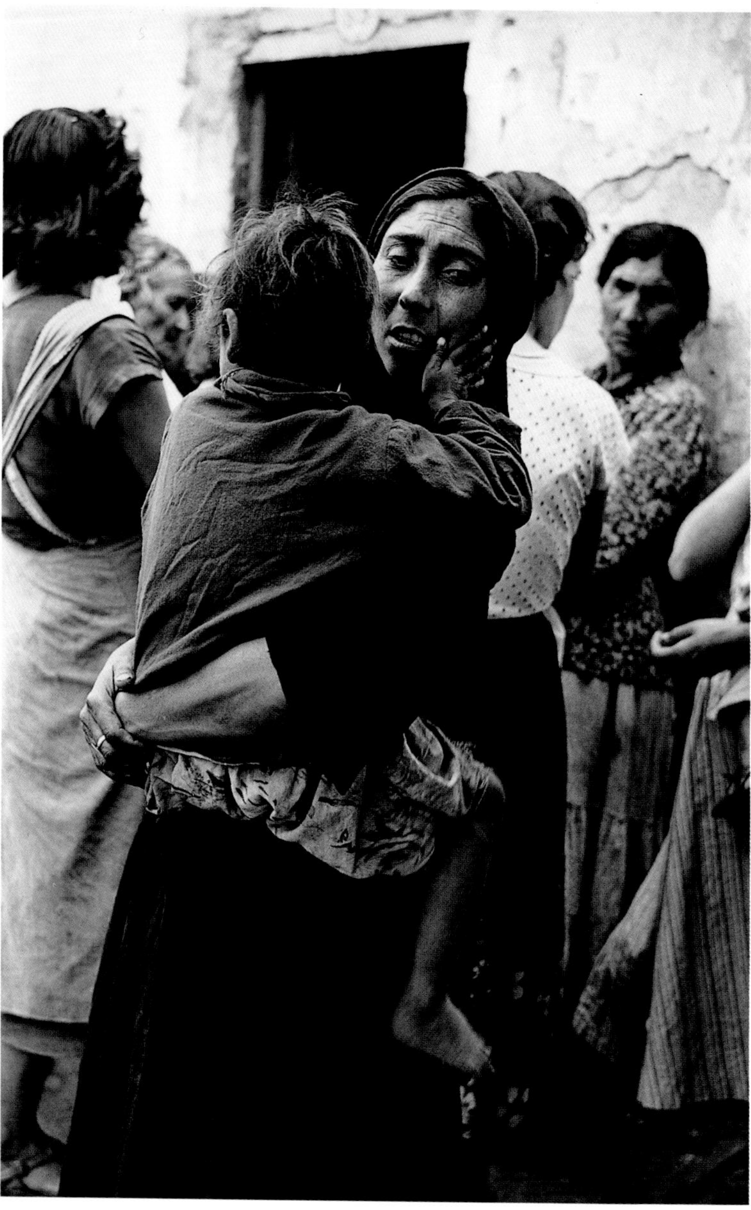

15. Barcelona, 1955

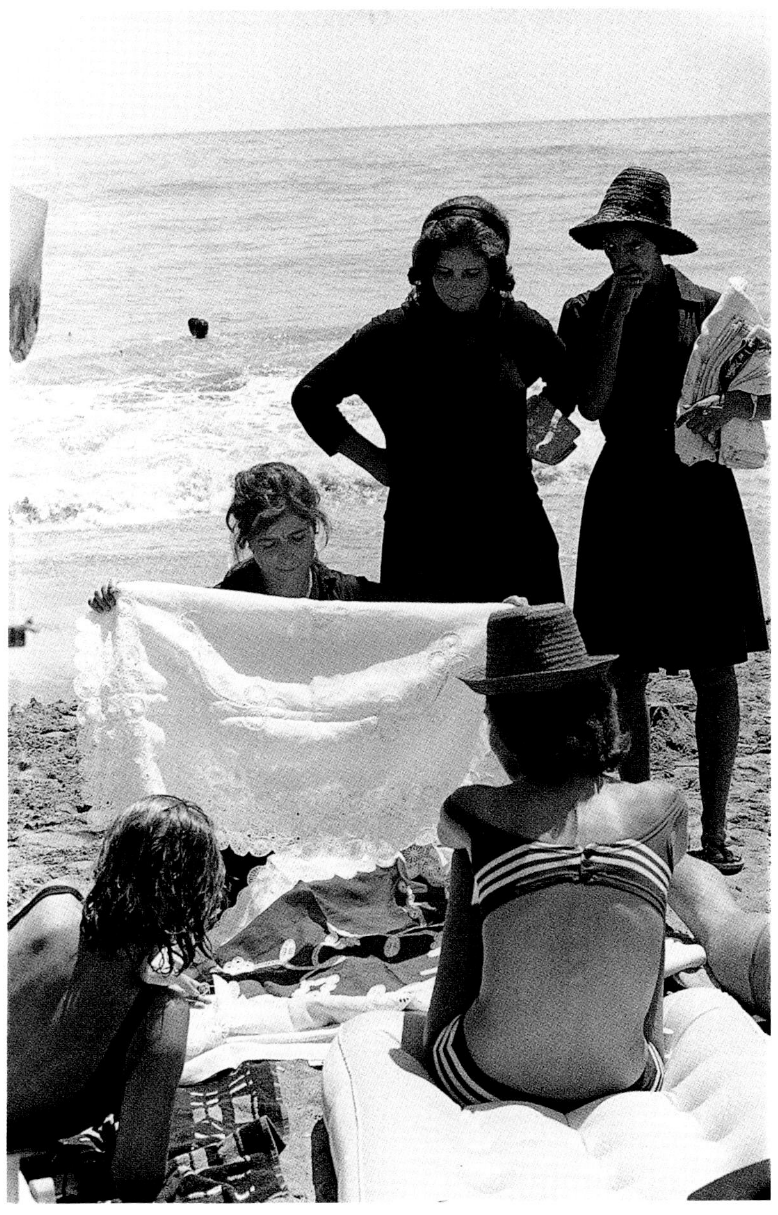

16. Málaga, 1958

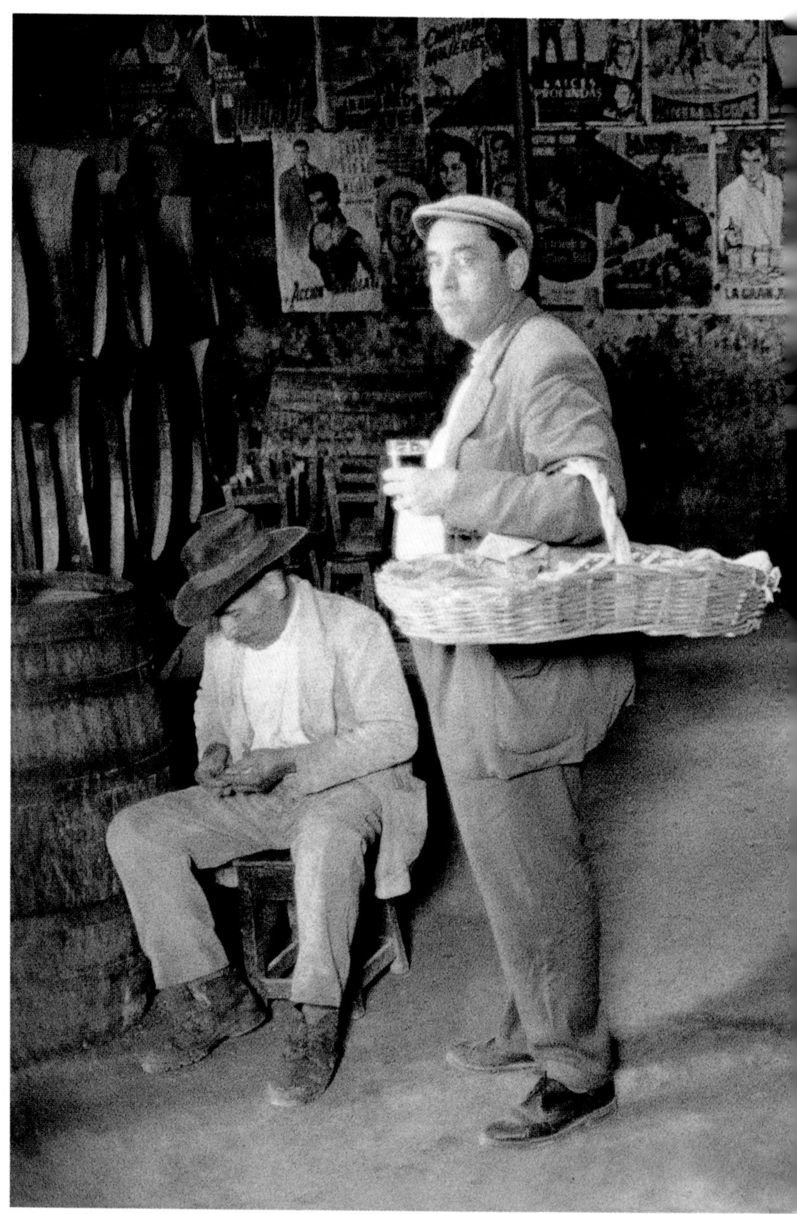

17. Arcos de la Frontera, Cádiz, 1959

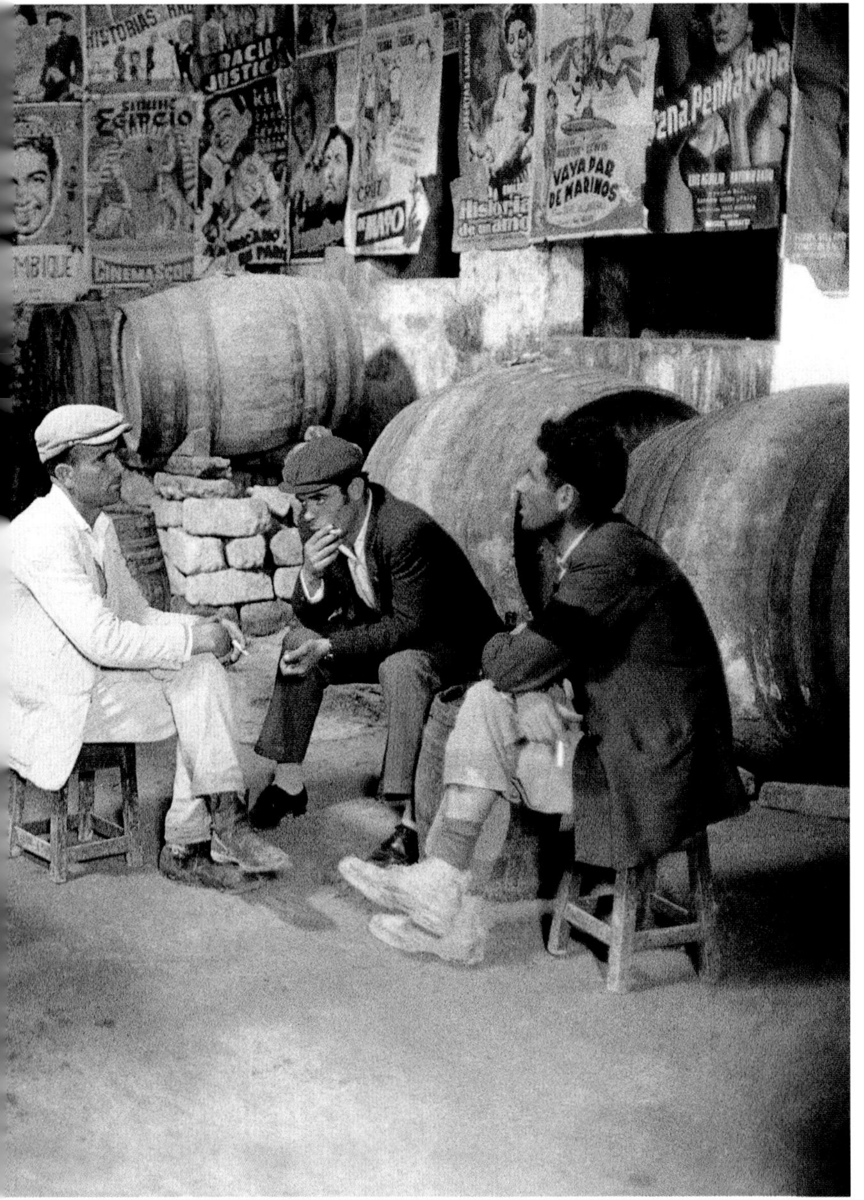

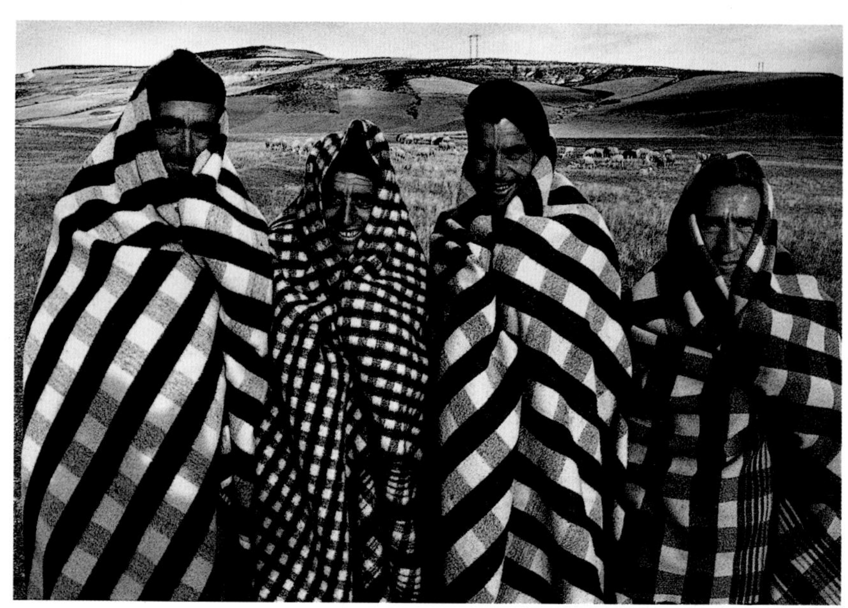

18. Tierra de Campos, Valladolid, 1962

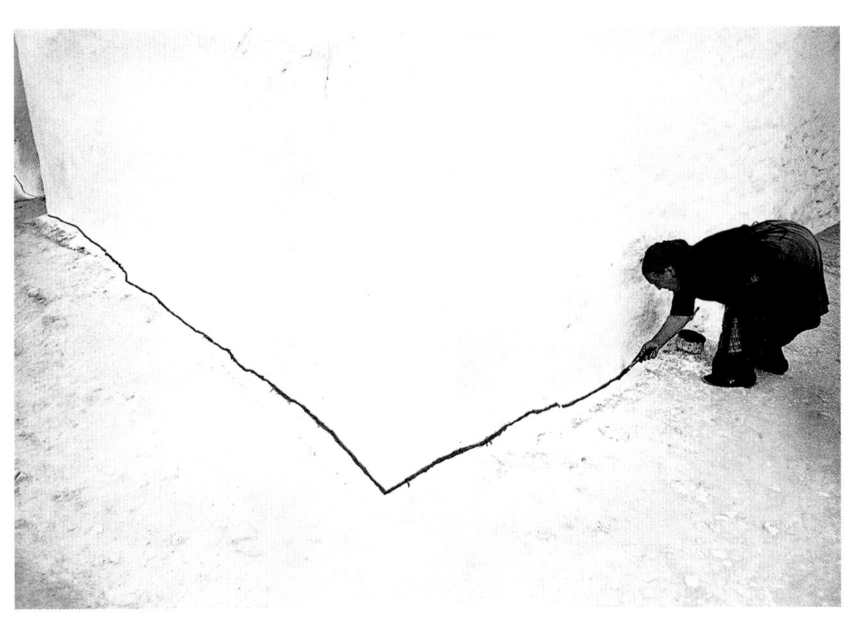

19. Tomelloso, Ciudad Real, 1960

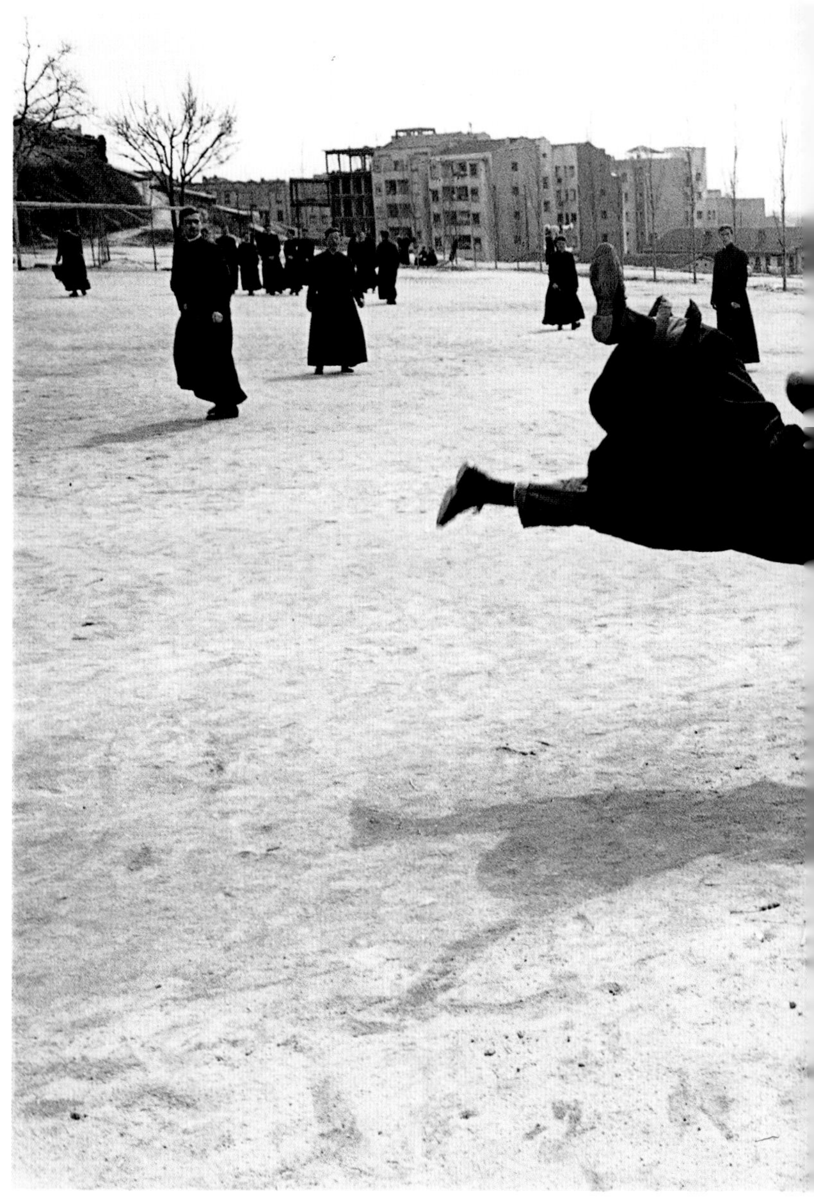

20. Madrid, 1960

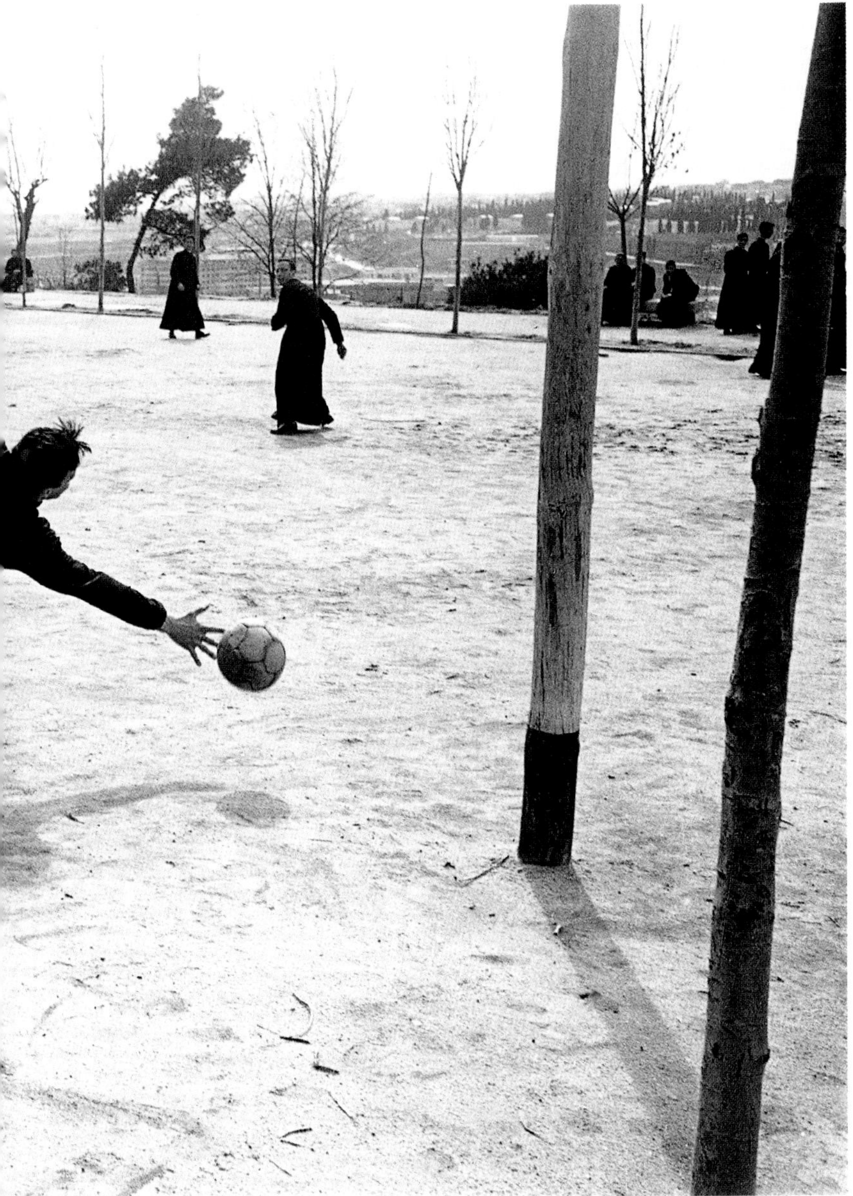

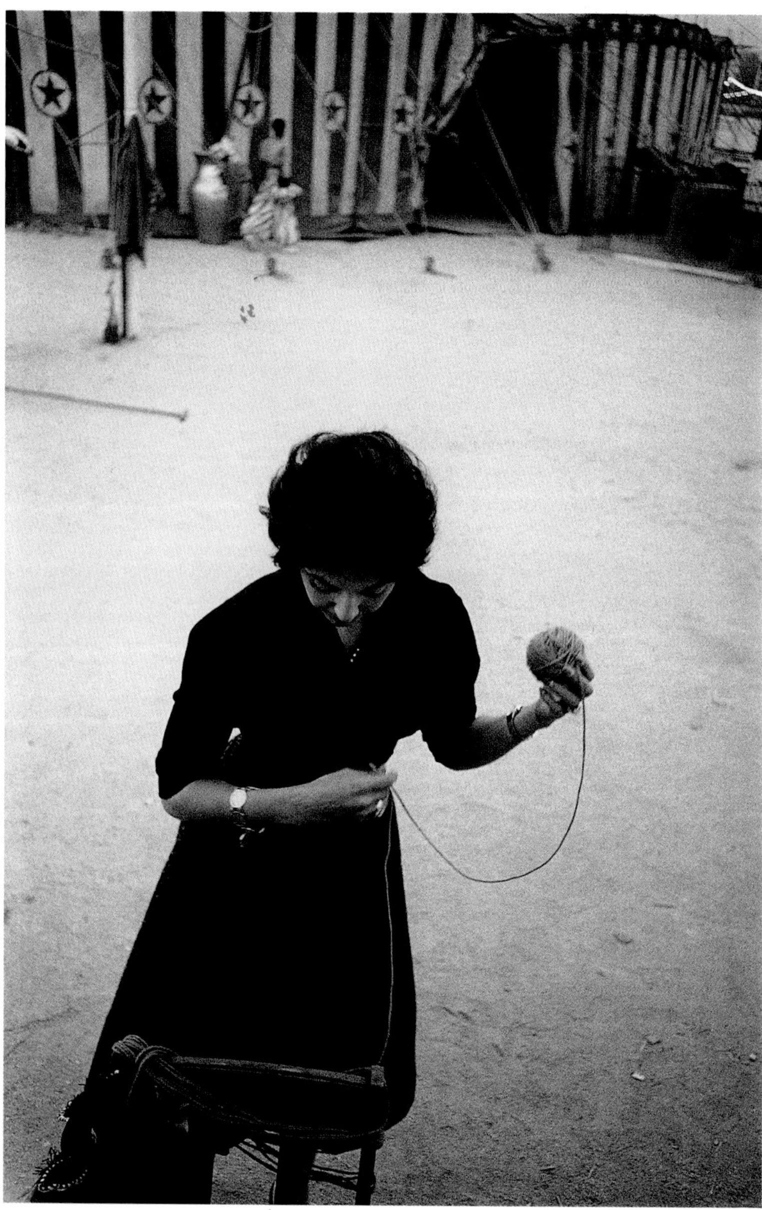

21. Madrid, 1964

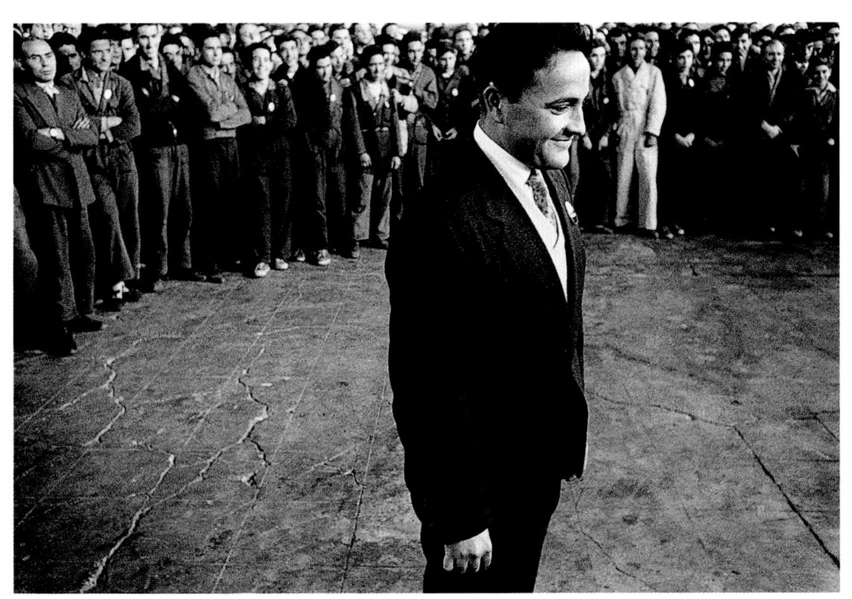

22. Getafe, 1958

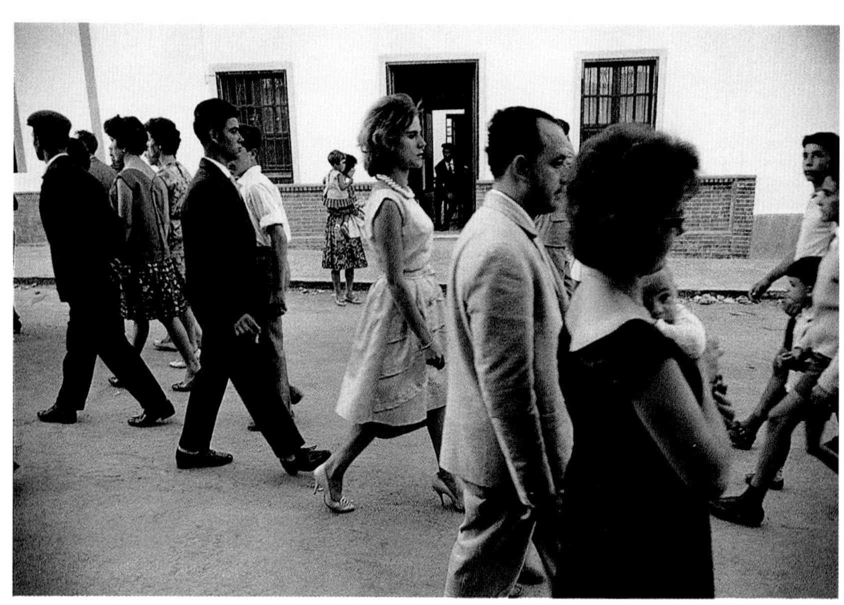

23. Arcos de la Frontera, Cádiz, 1959

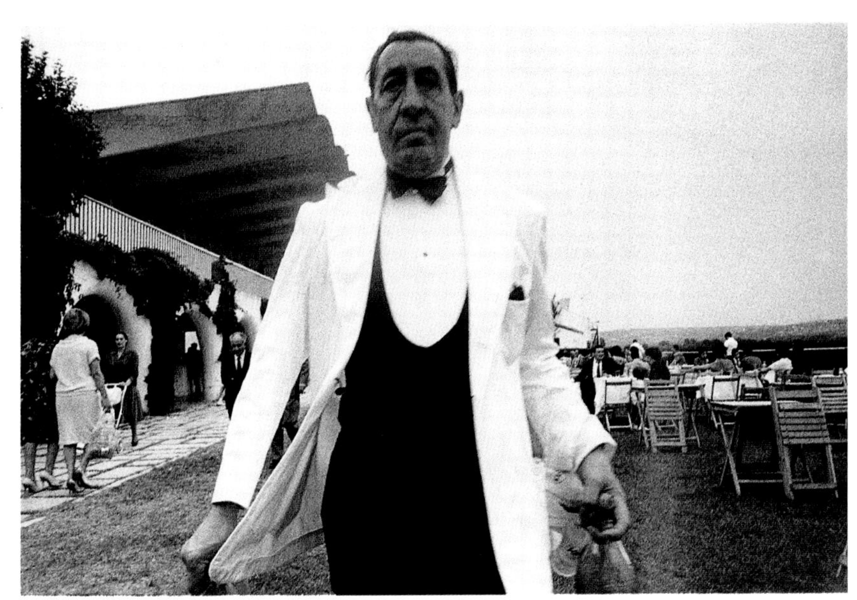

24. Madrid, 1961

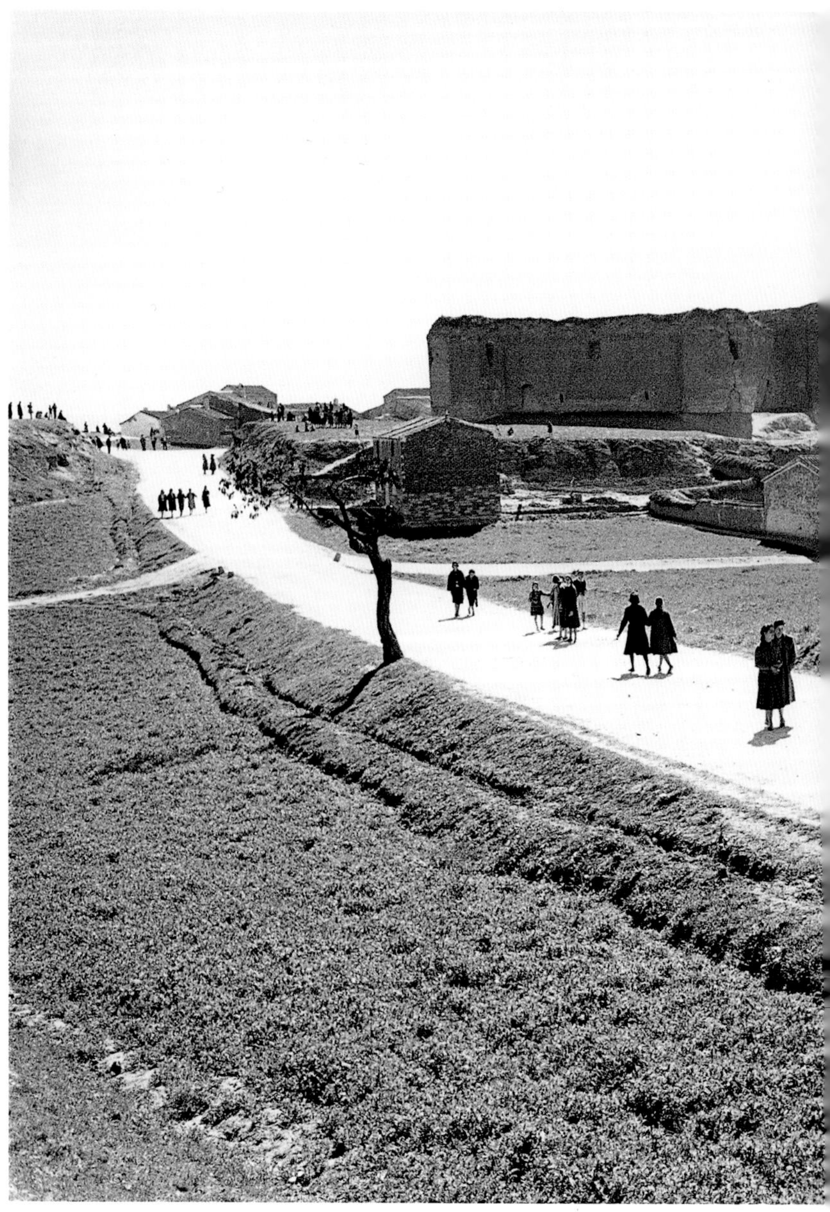

25. Almonacid, 1961

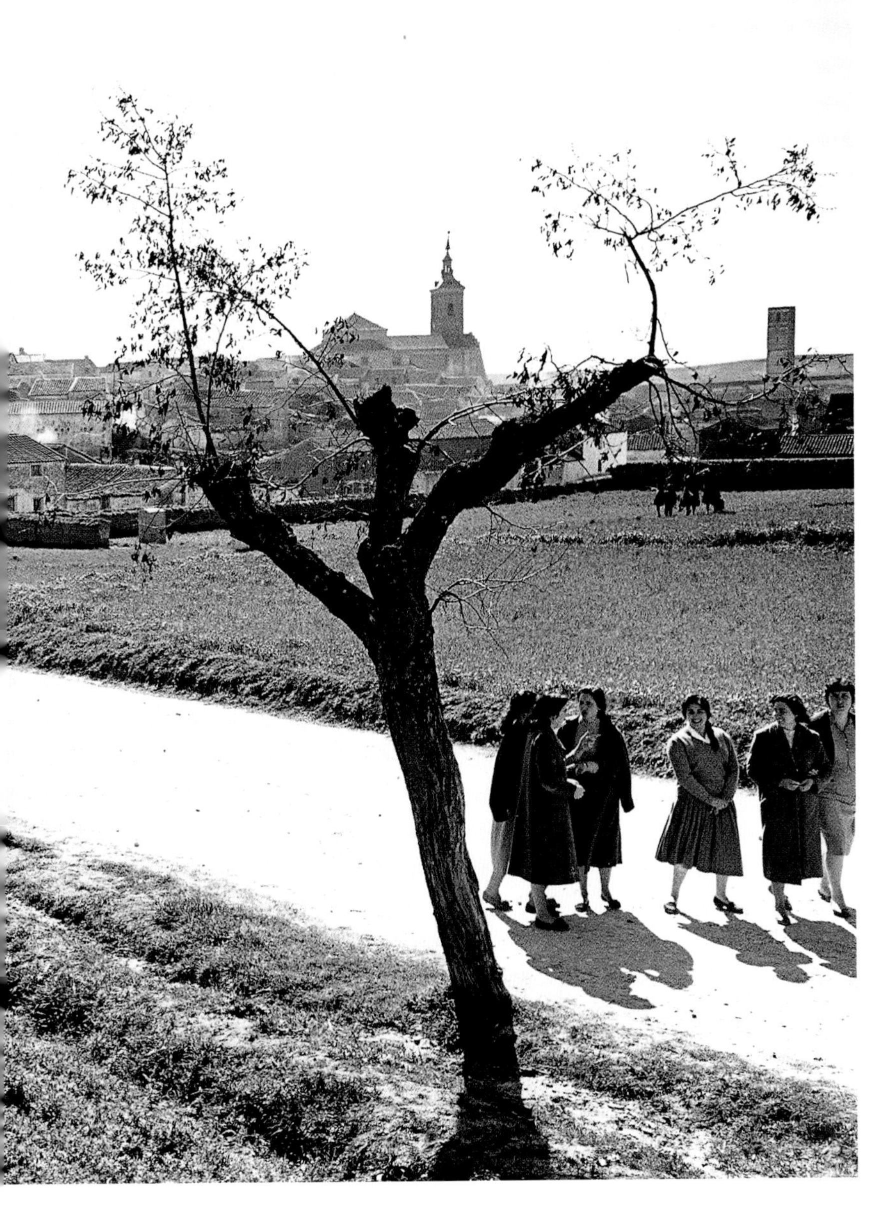

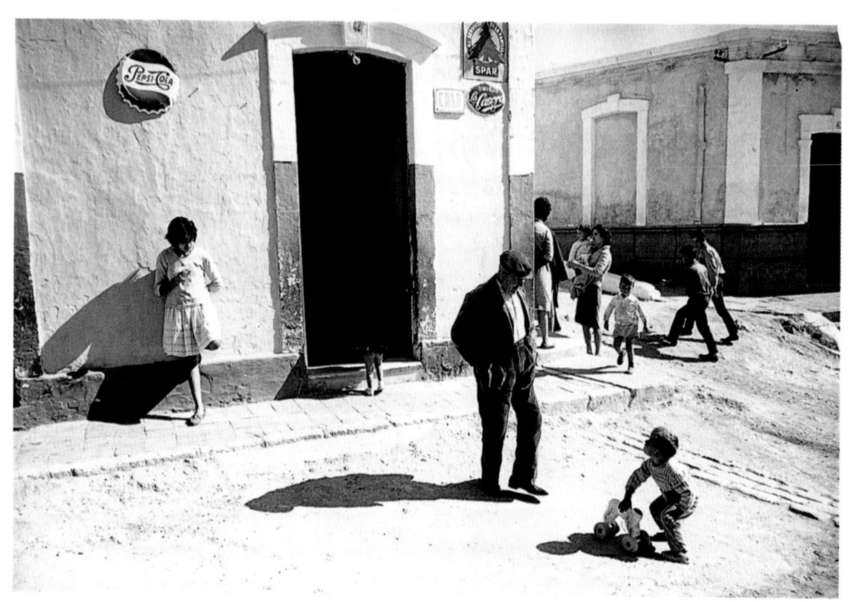

26. Almería, 1958

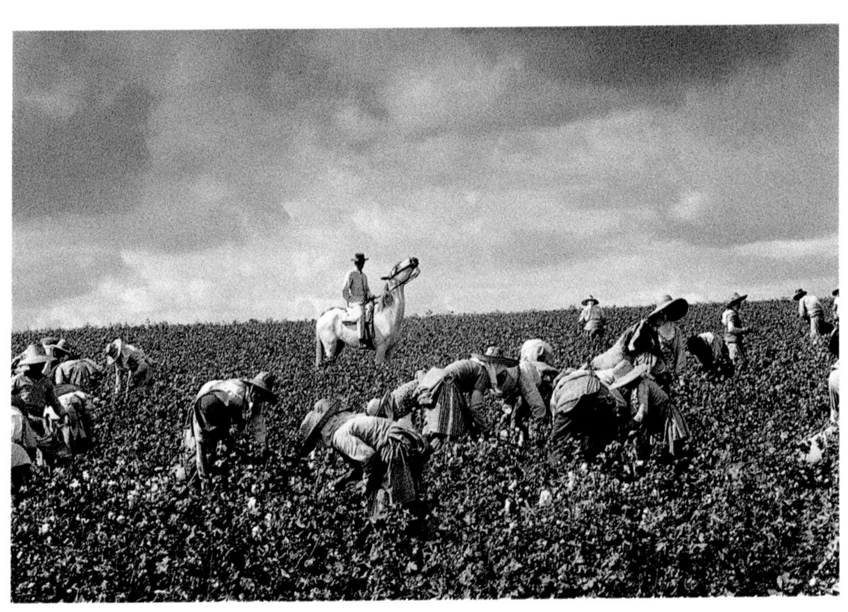

27. Sevilla, 1961

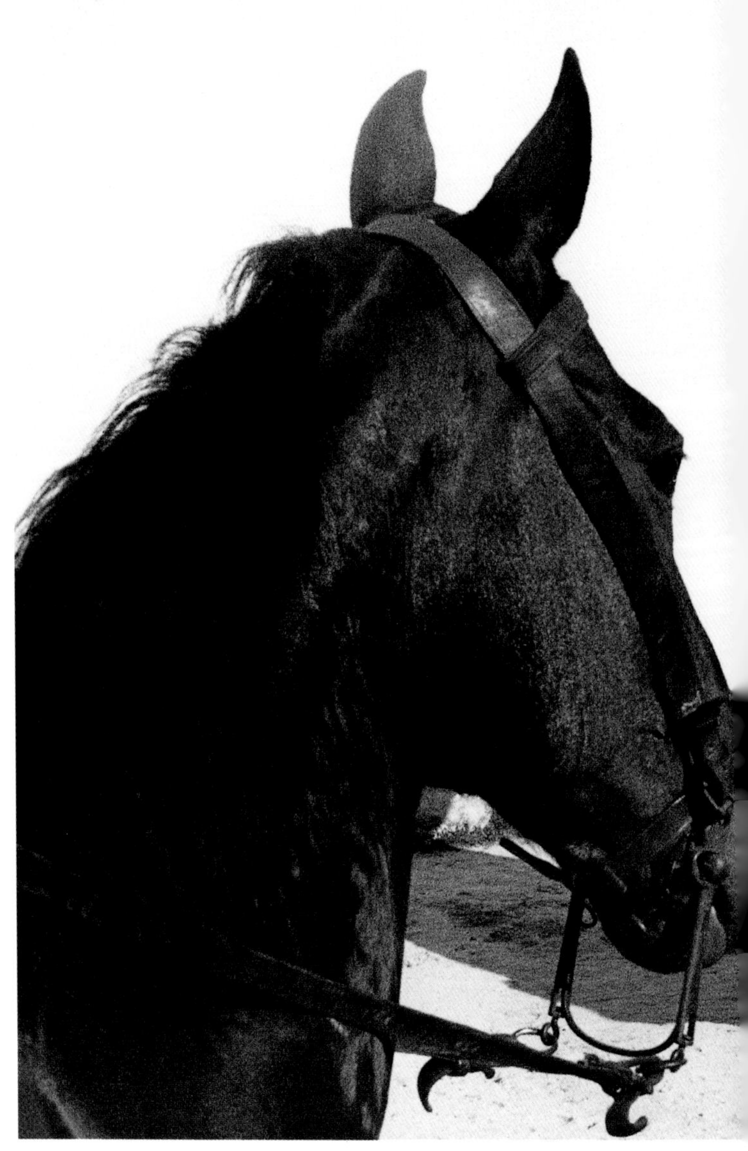

28. Almonte, Huelva, 1959

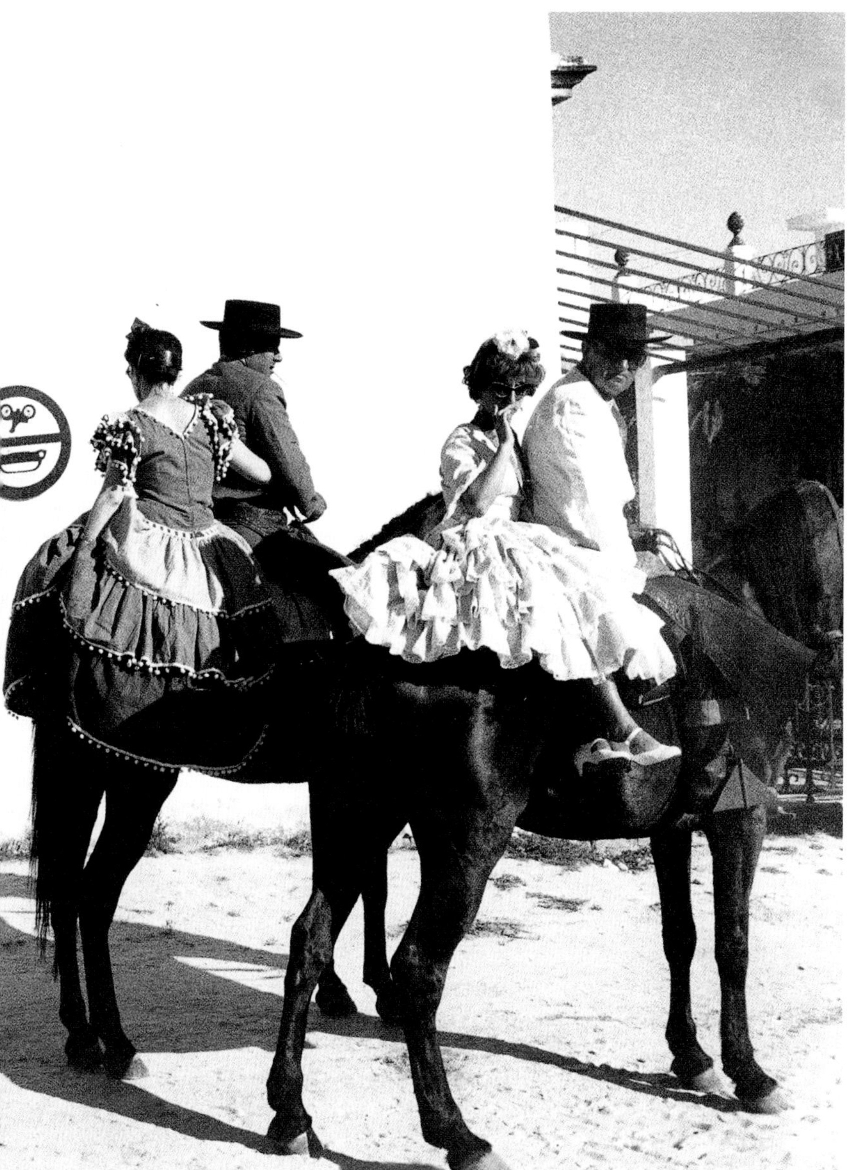

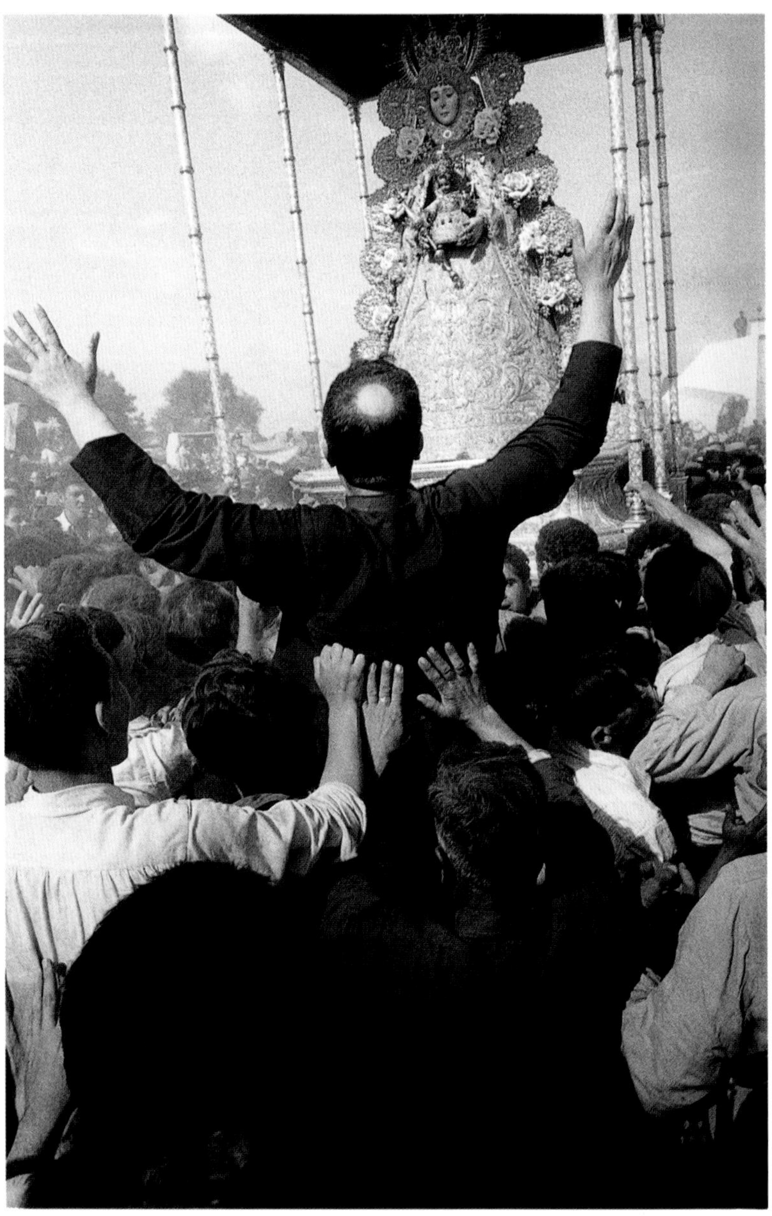

29. Almonte, Huelva, 1959

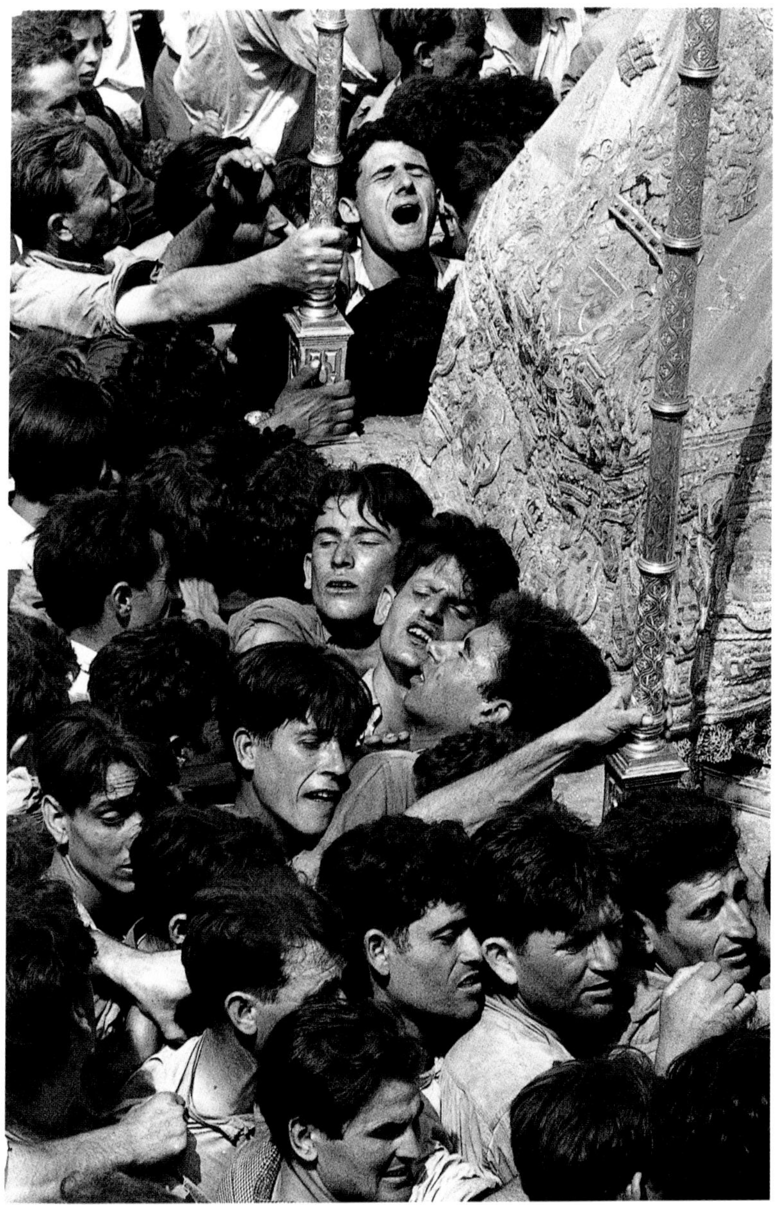

30. Almonte, Huelva, 1959

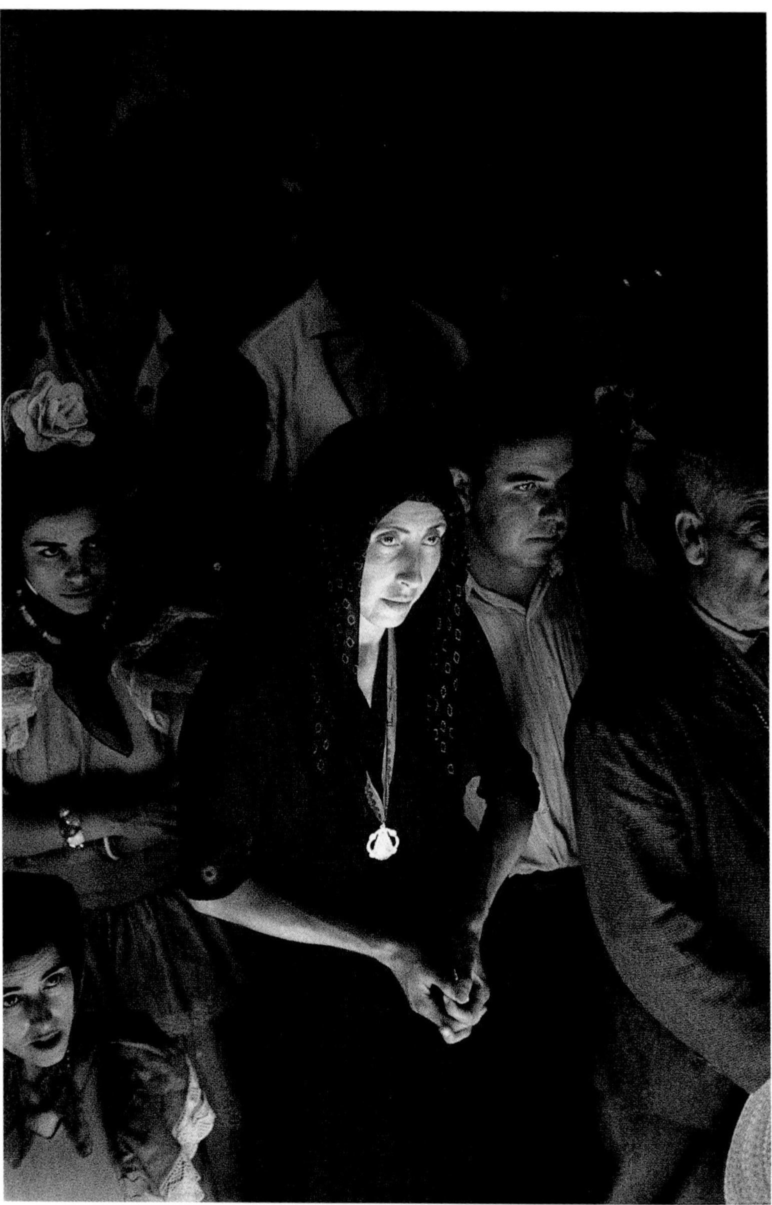

31. Almonte, Huelva, 1959

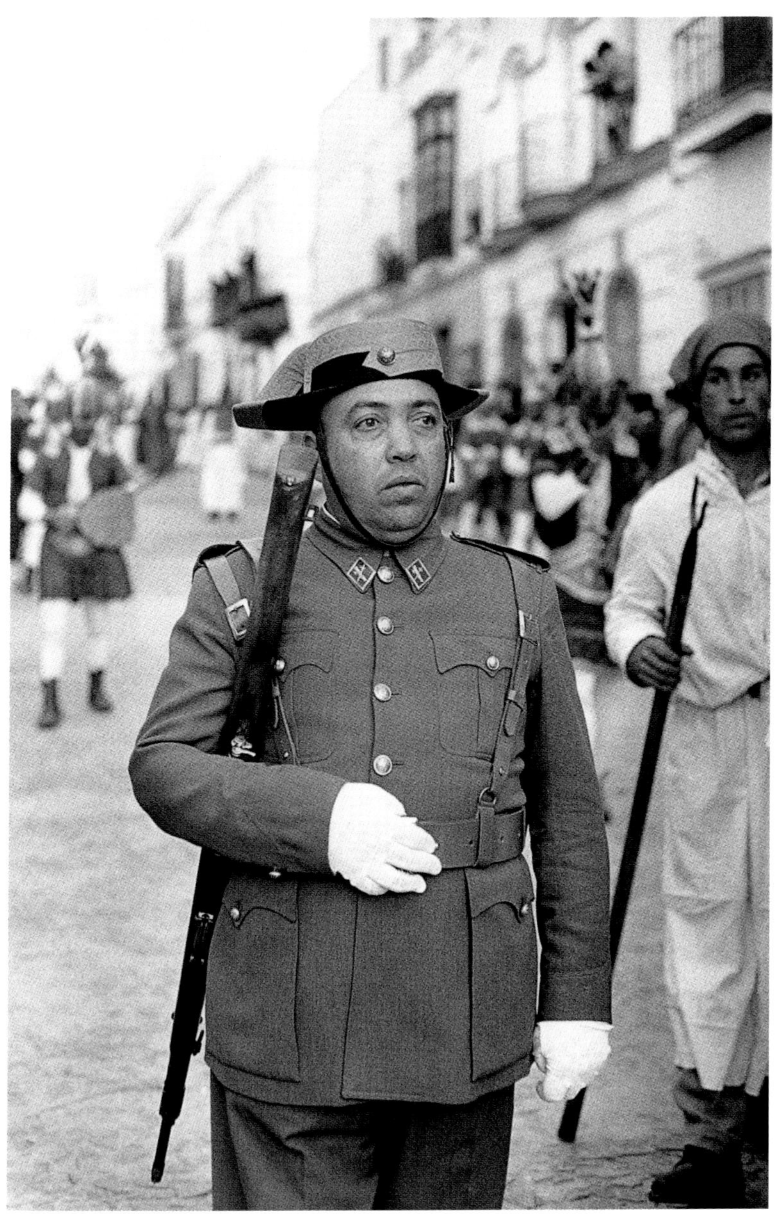

32. Arcos de la Frontera, Cádiz, 1959

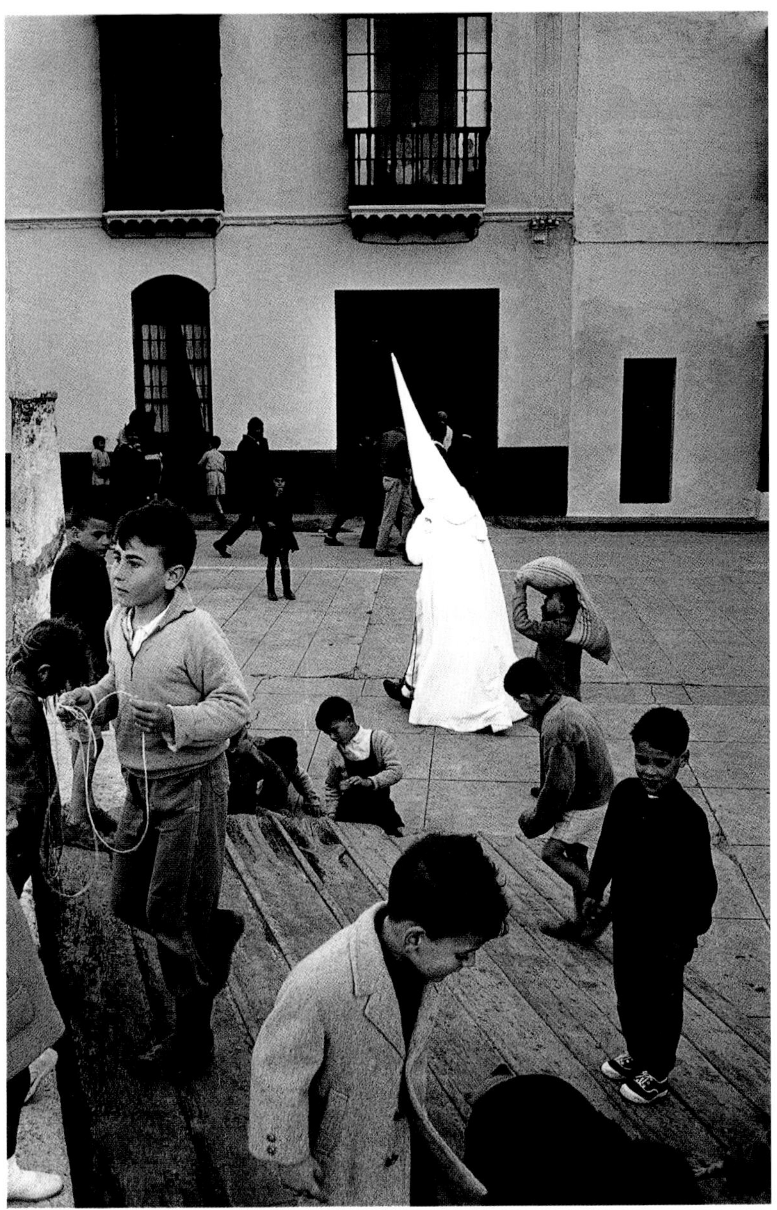

33. Medina Sidonia, Cádiz, 1959

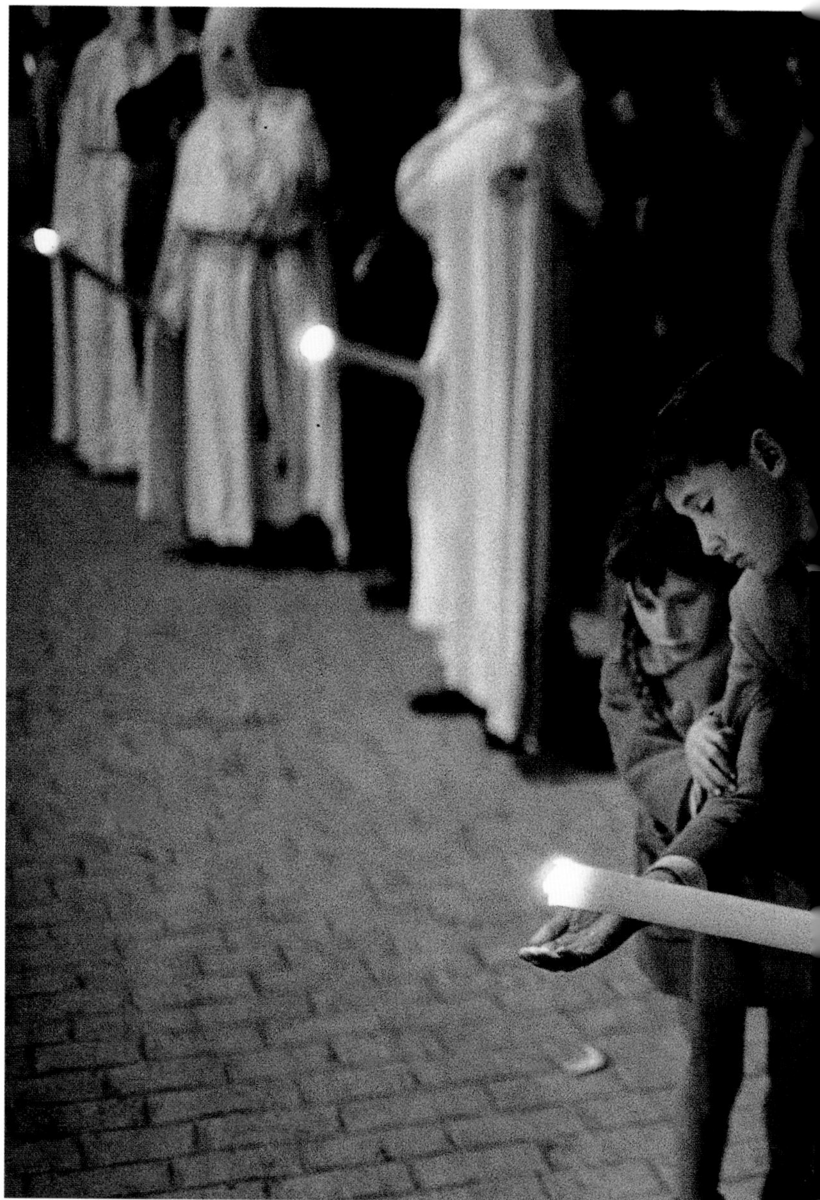

34. Málaga, 1962

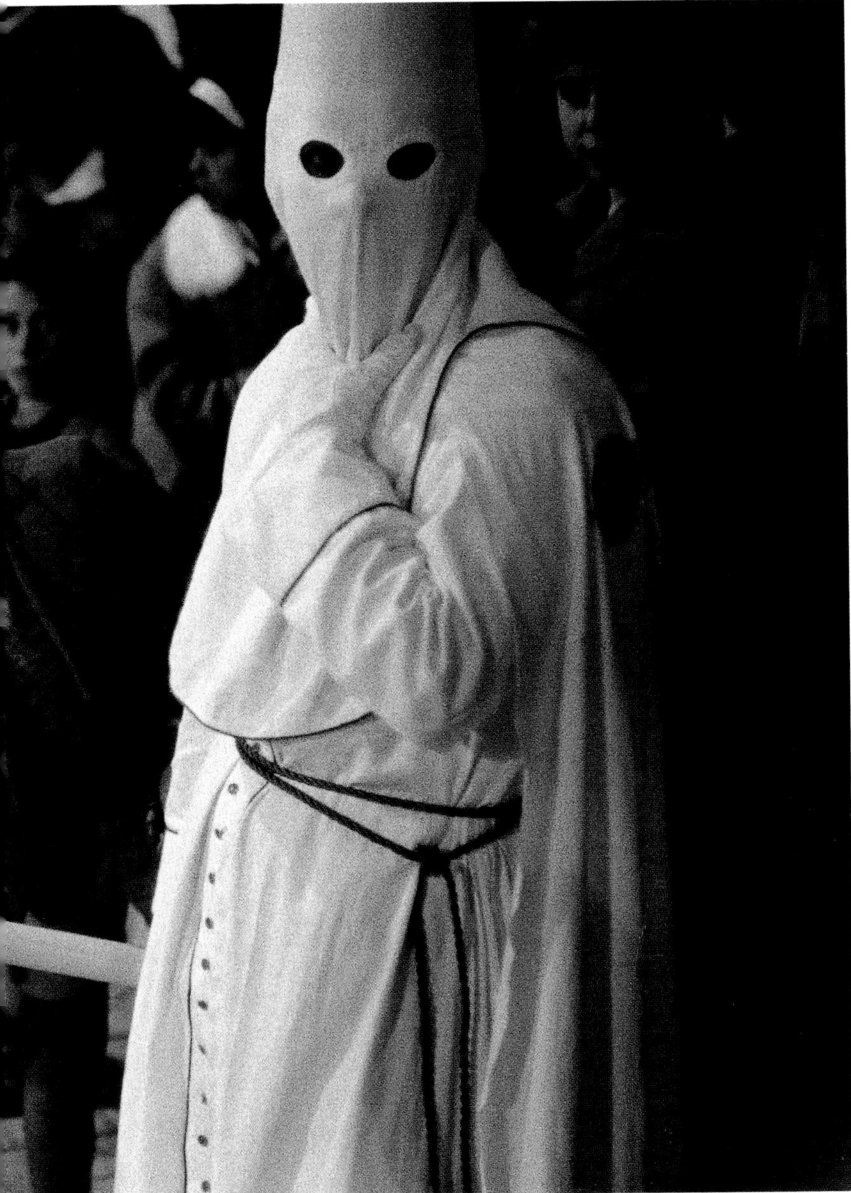

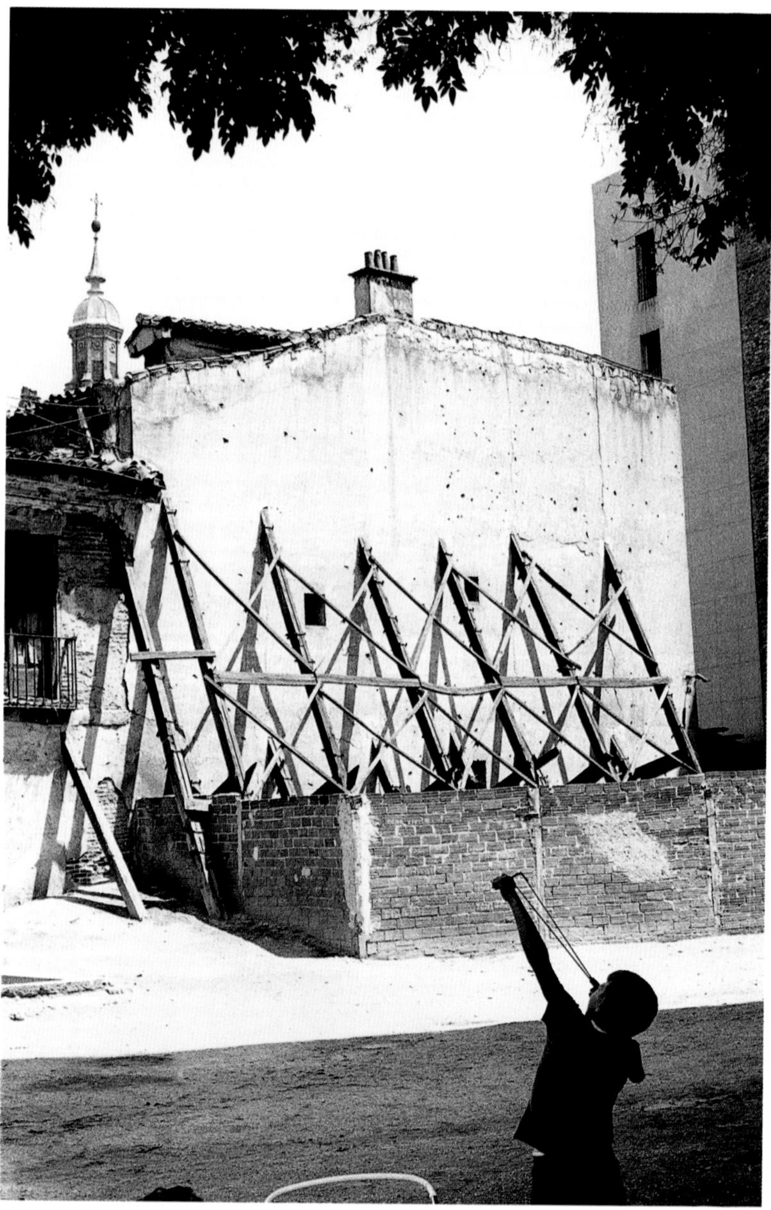

35. Madrid, 1962

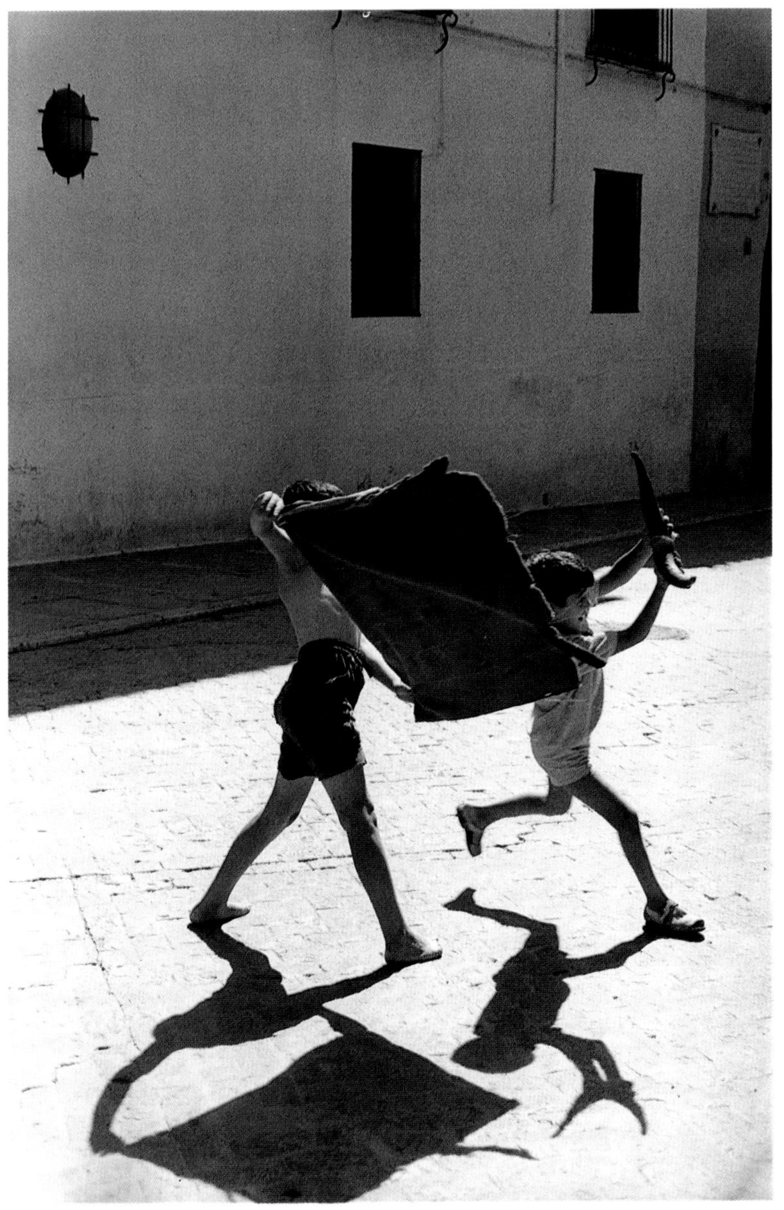

36. Andújar, Jaén, 1960

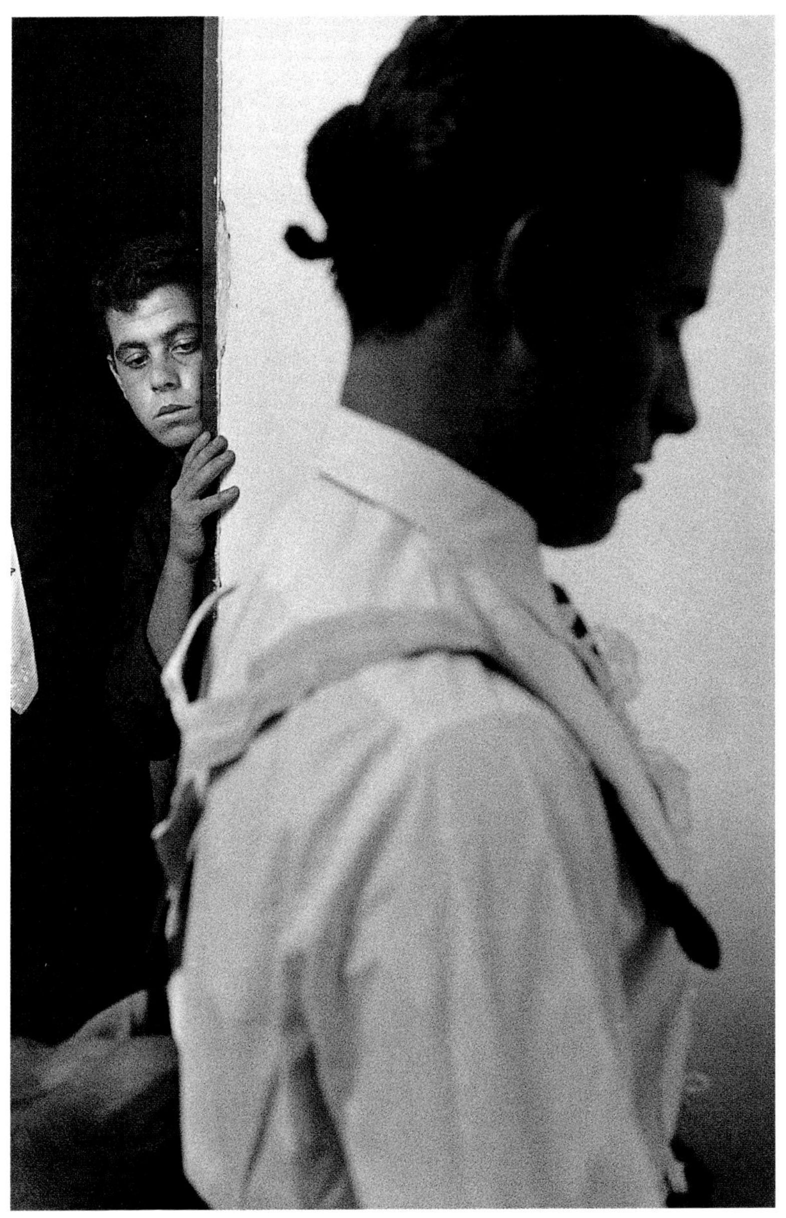

37. Arcos de la Frontera, Cádiz, 1959

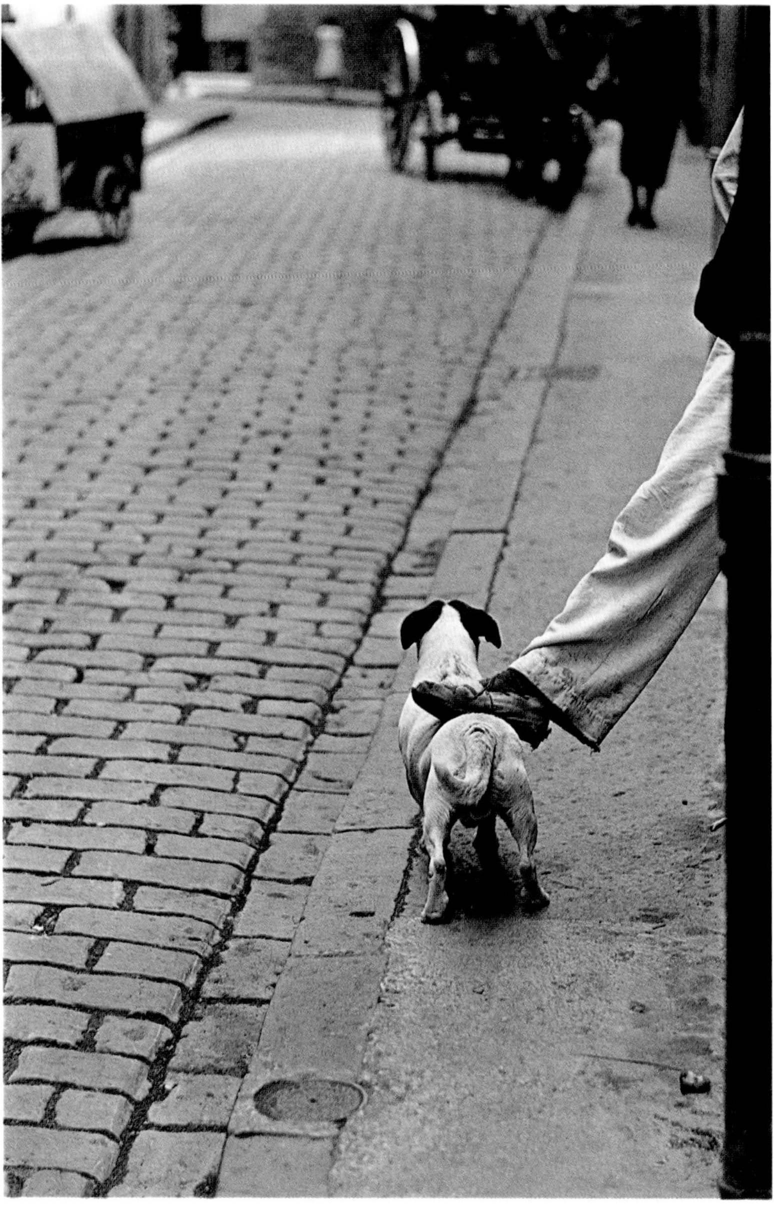

38. Pamplona, 1957

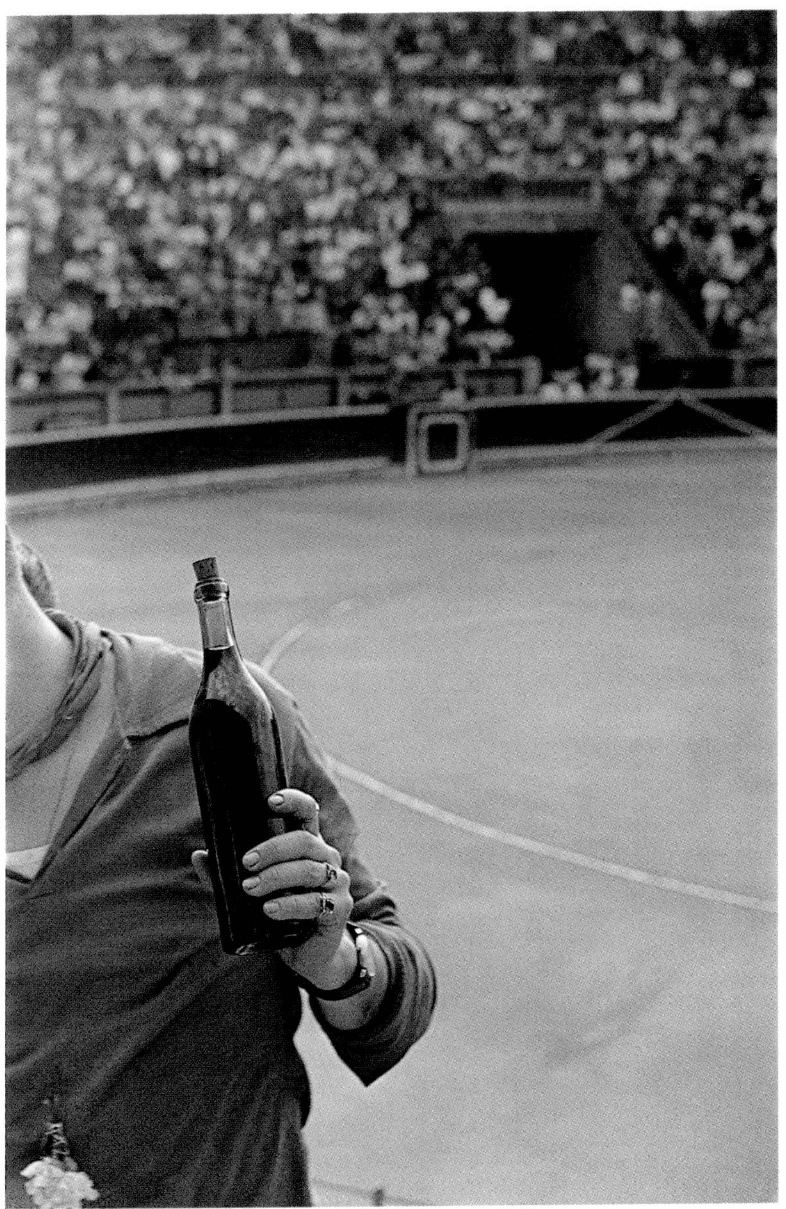

39. Pamplona, 1958

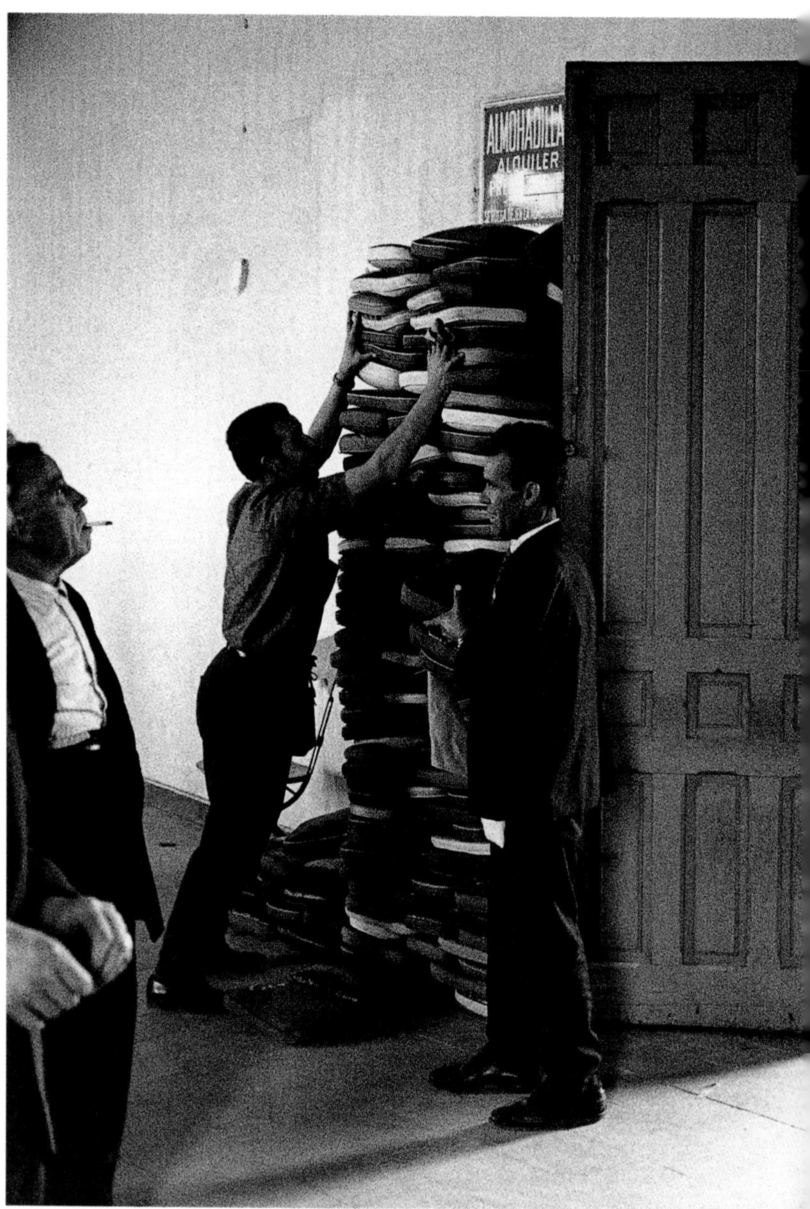

40. Madrid, 1963

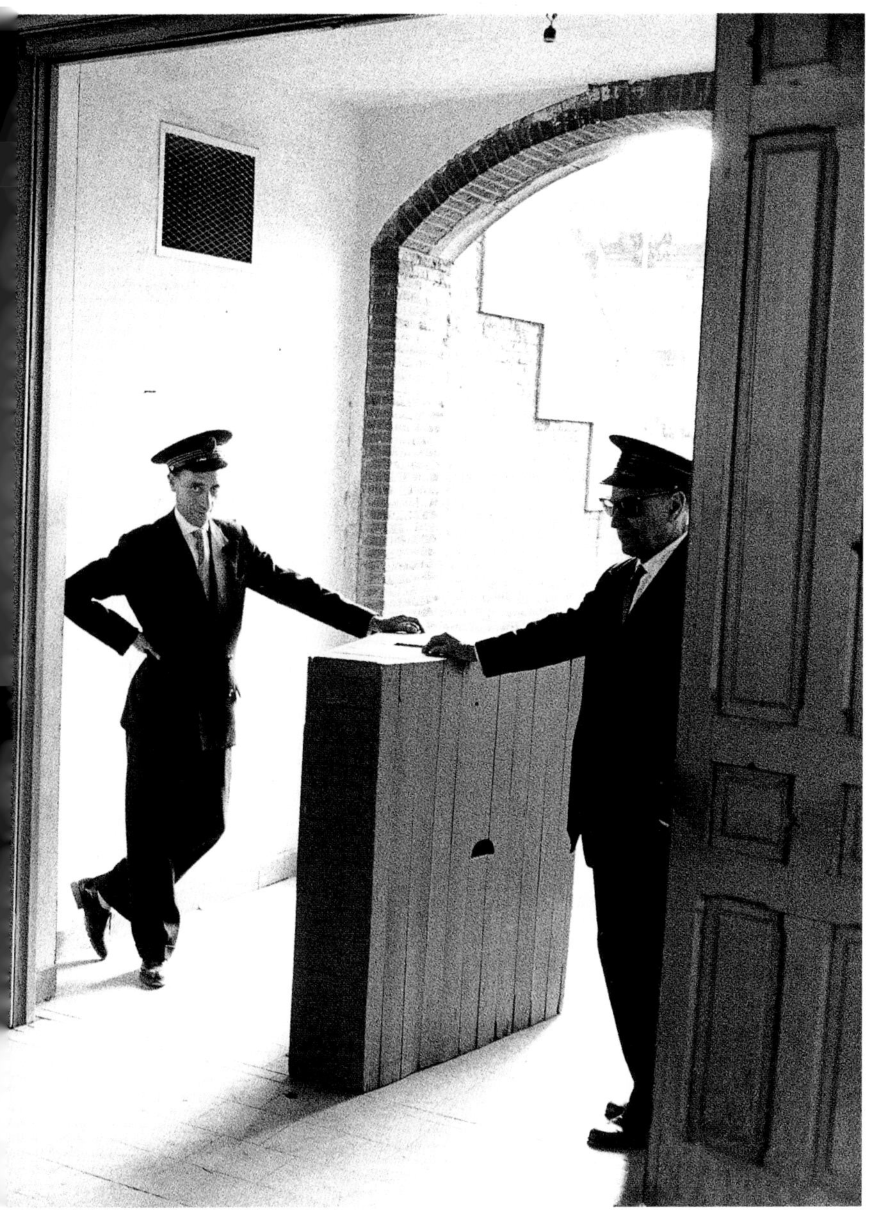

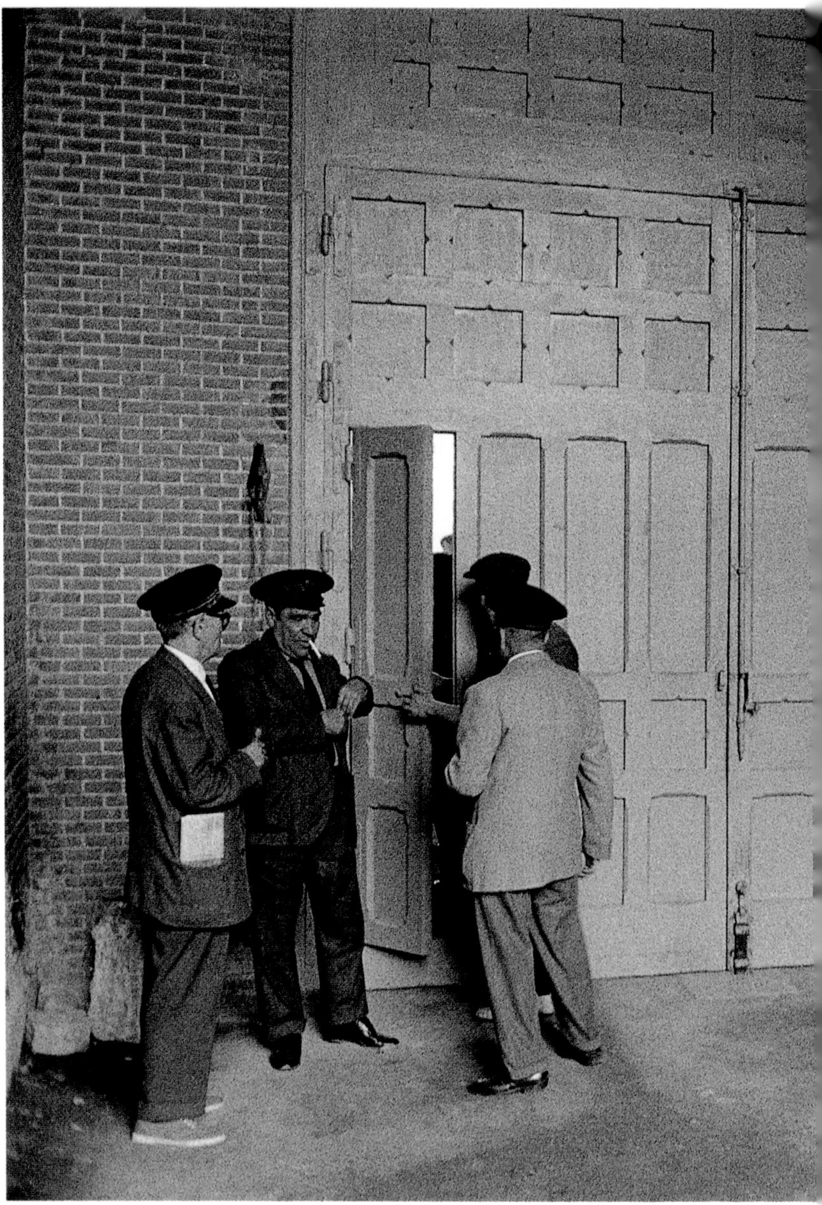

41. Madrid, 1963

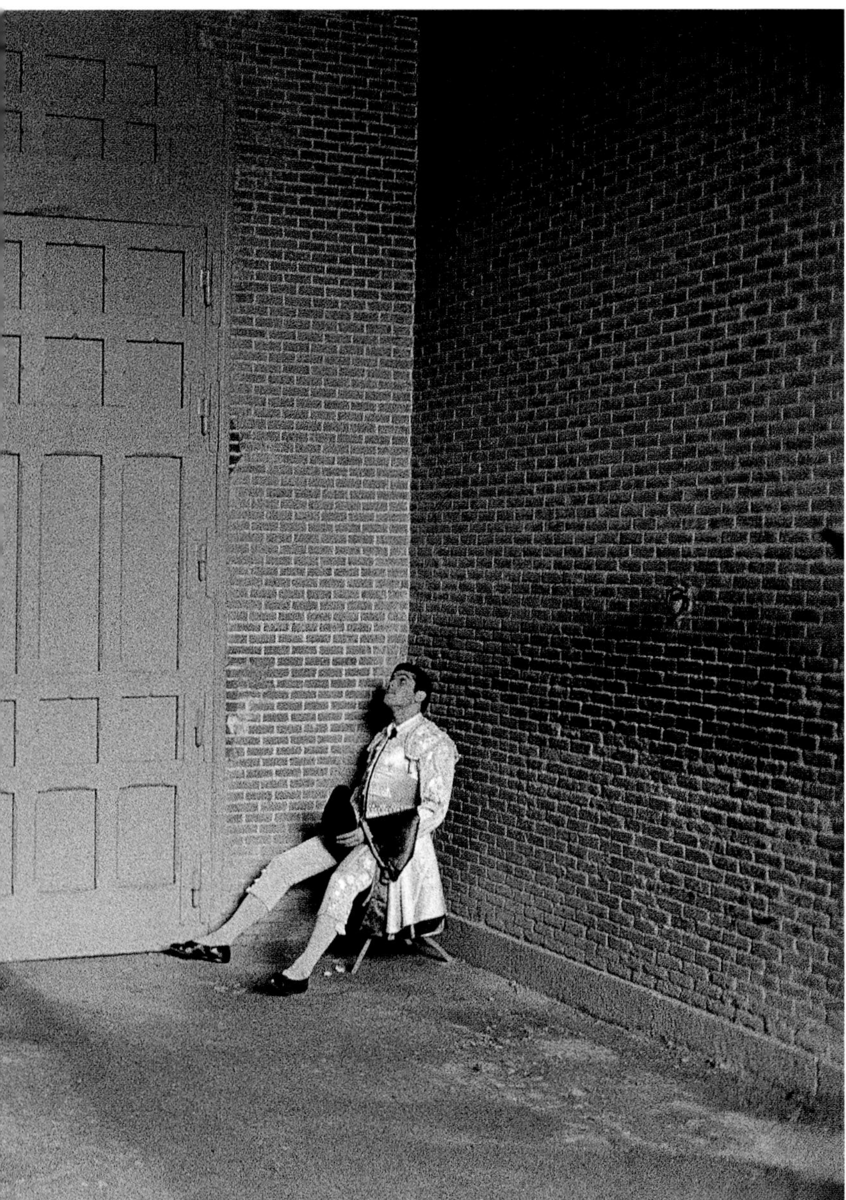

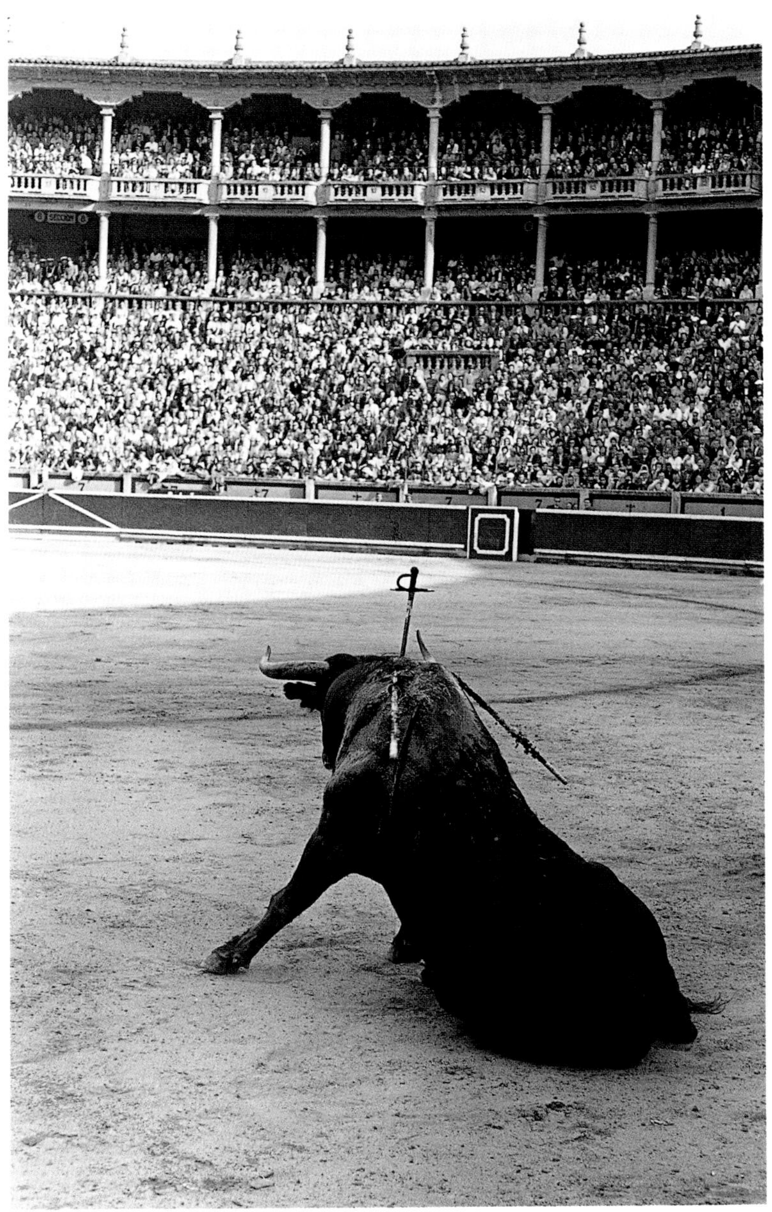

42. Pamplona, 1960

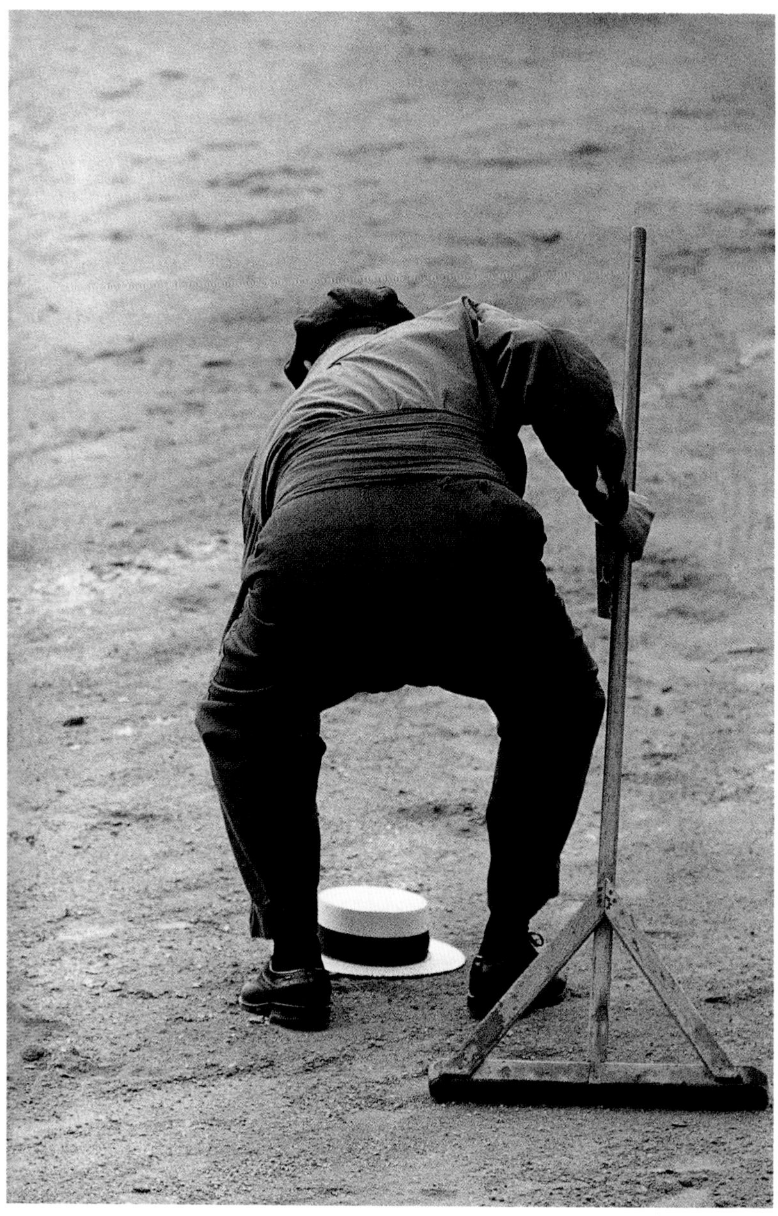

43. Madrid, 1962

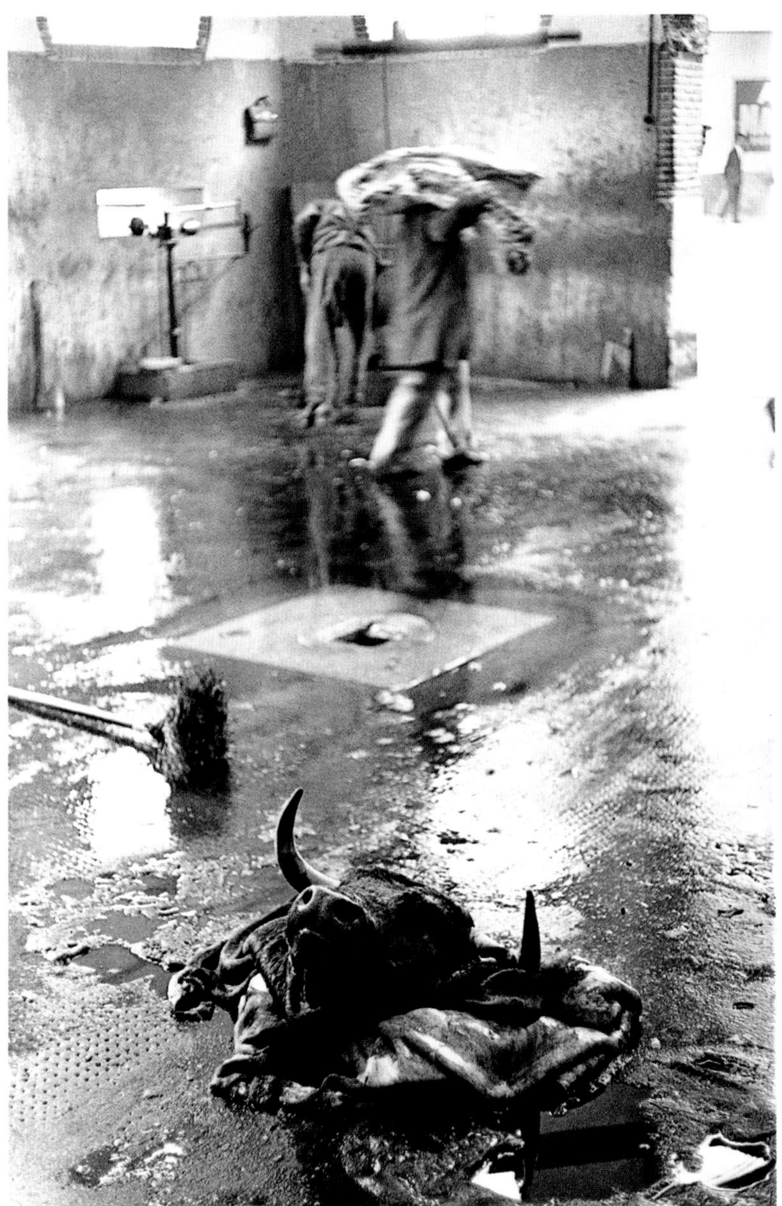

44. Madrid, 1959

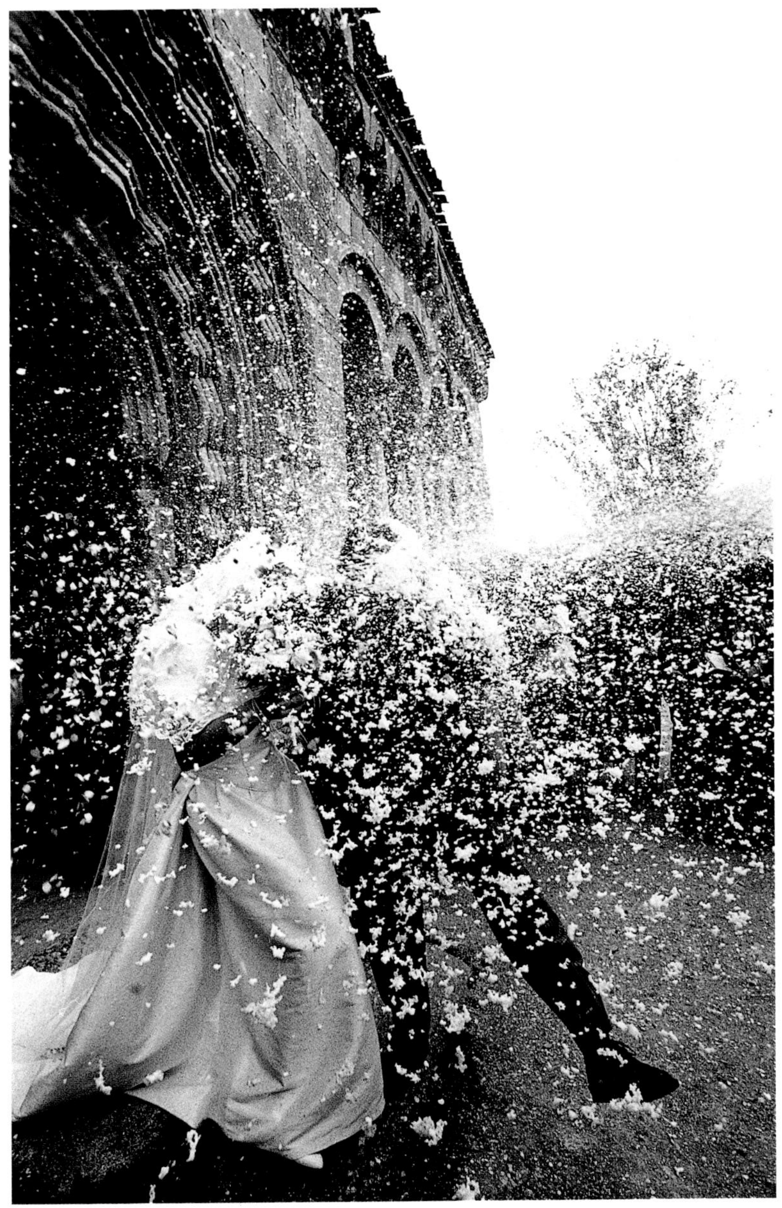

45. Sotosalbos, 1993

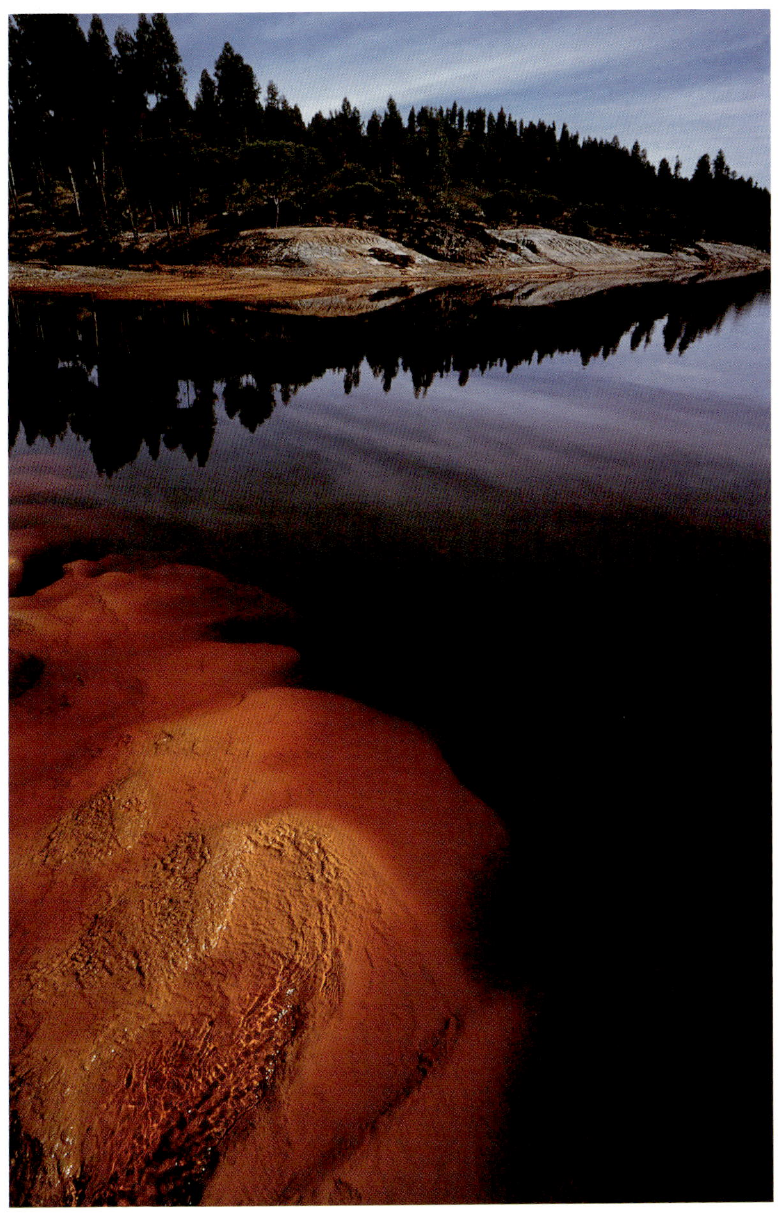

46. Minas del Río Tinto, Huelva, 1988

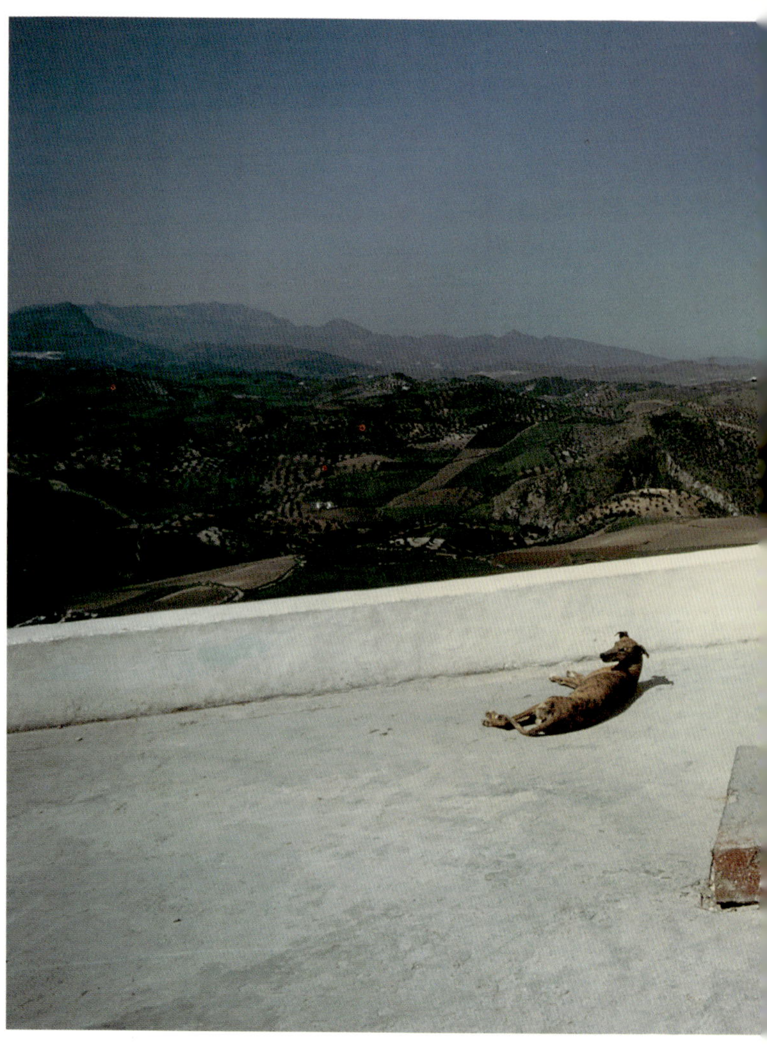

47. Olvera, Cádiz, 1988

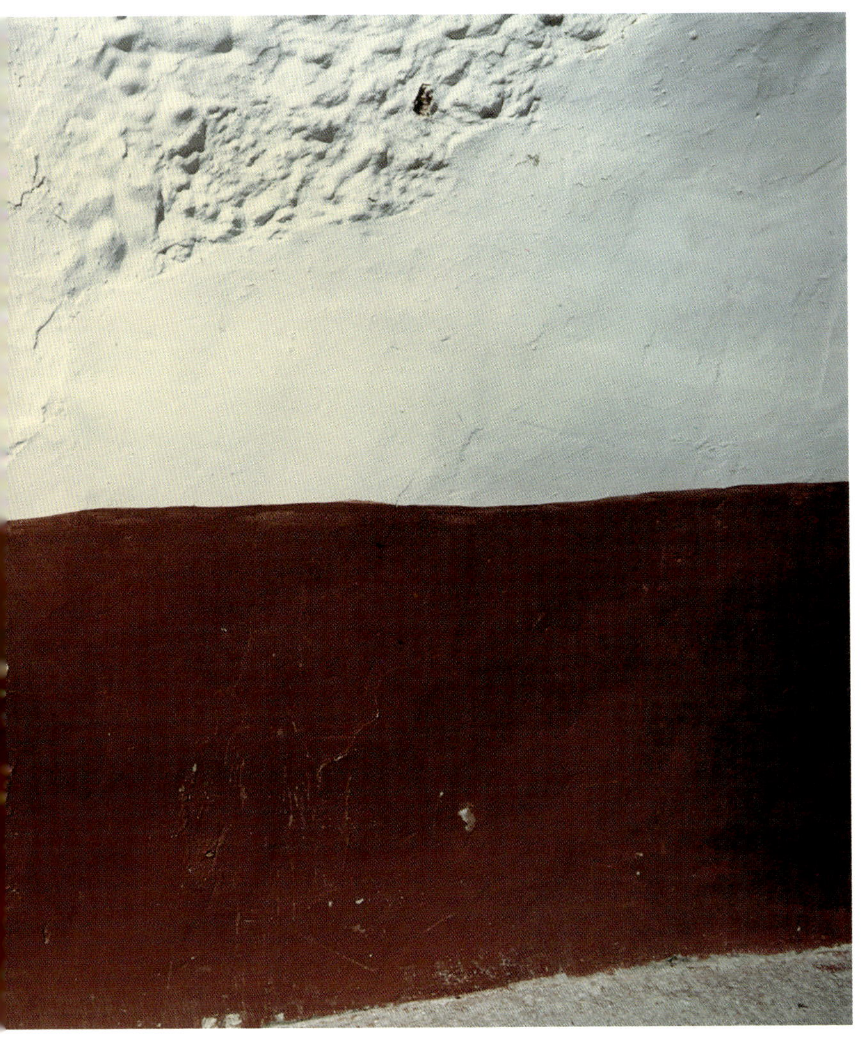

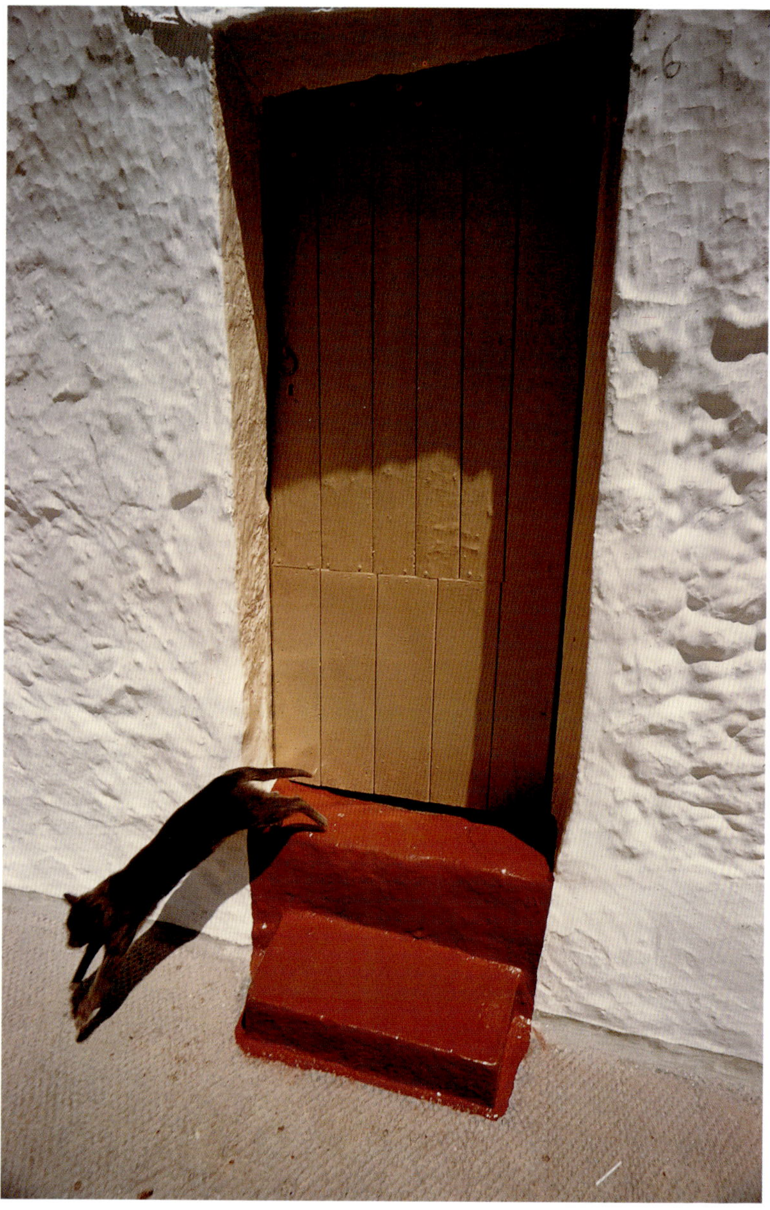

48. Olvera, Cádiz, 1988

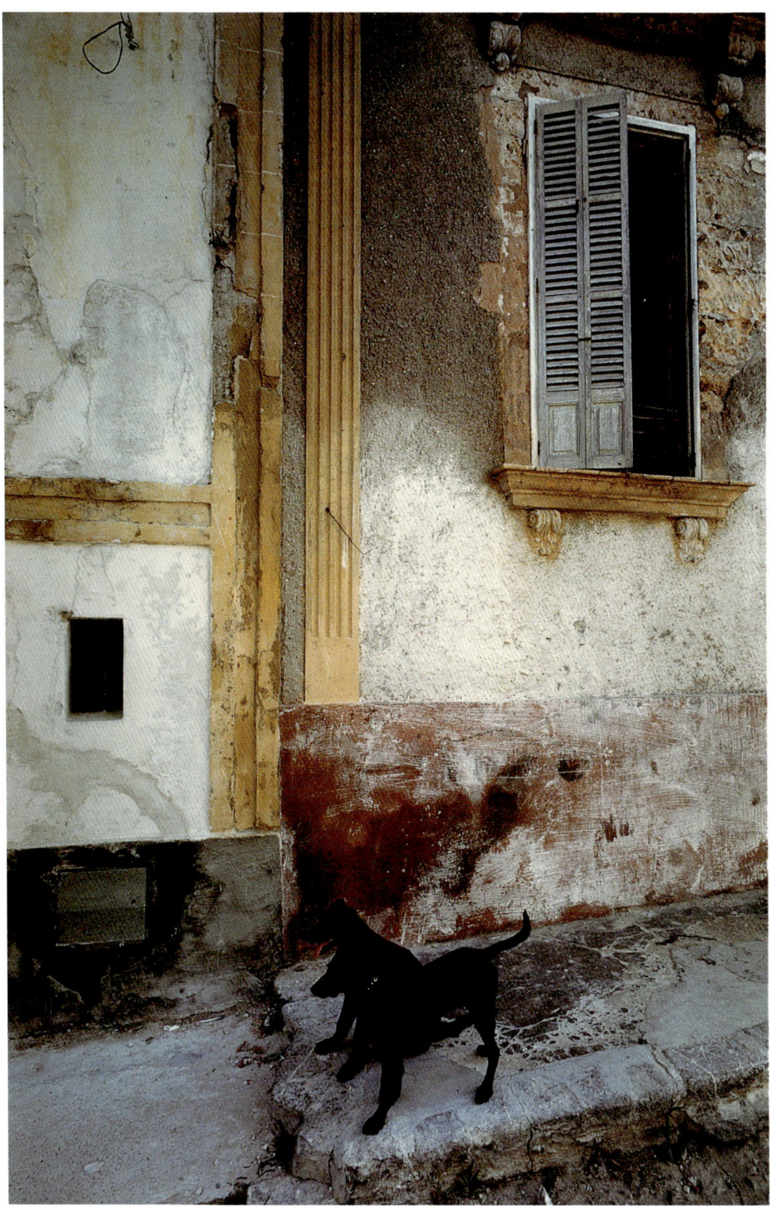

49. Ibiza, 1982

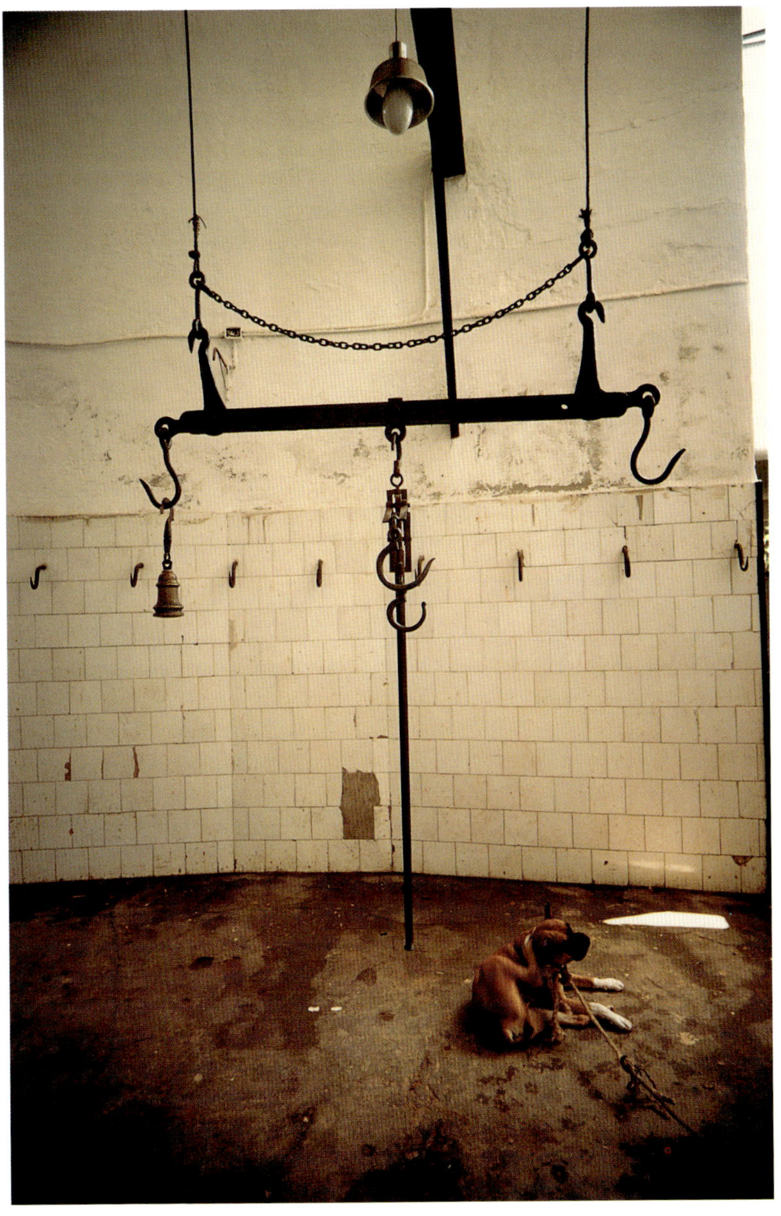

50. Benidorm, 1982

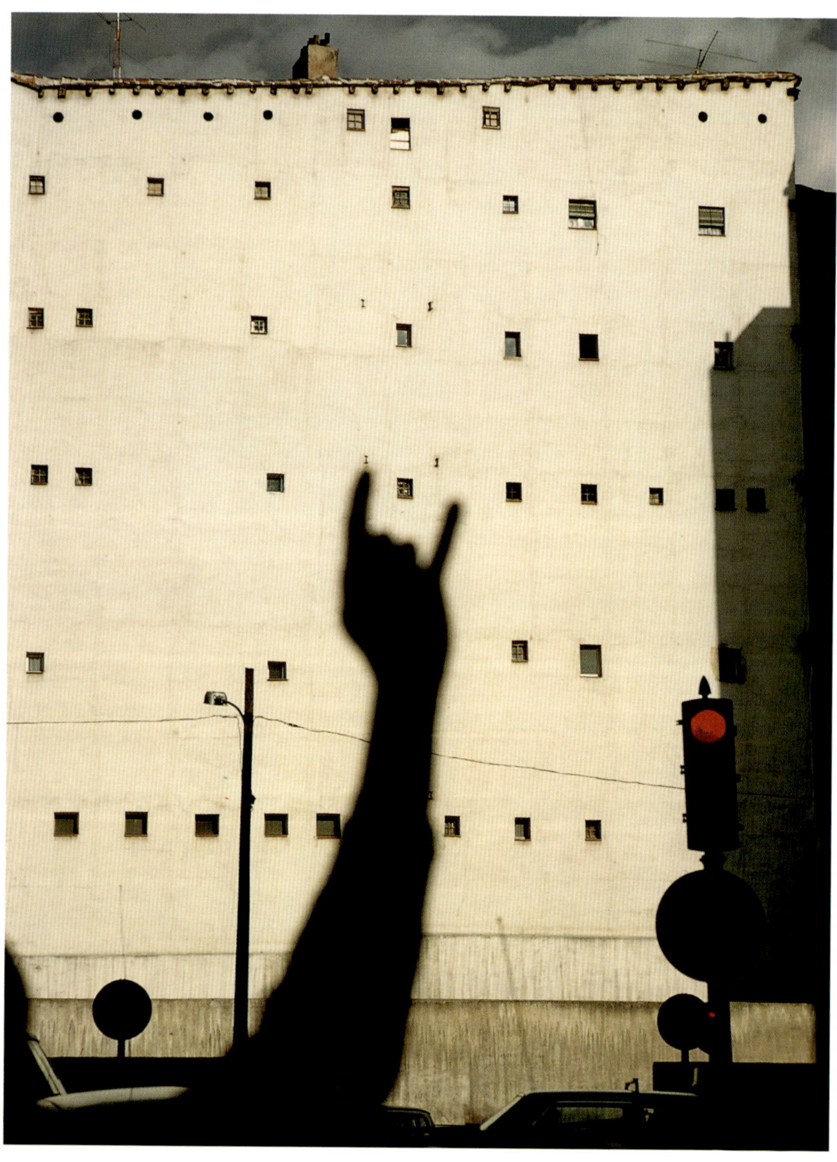

51. Madrid, 1985

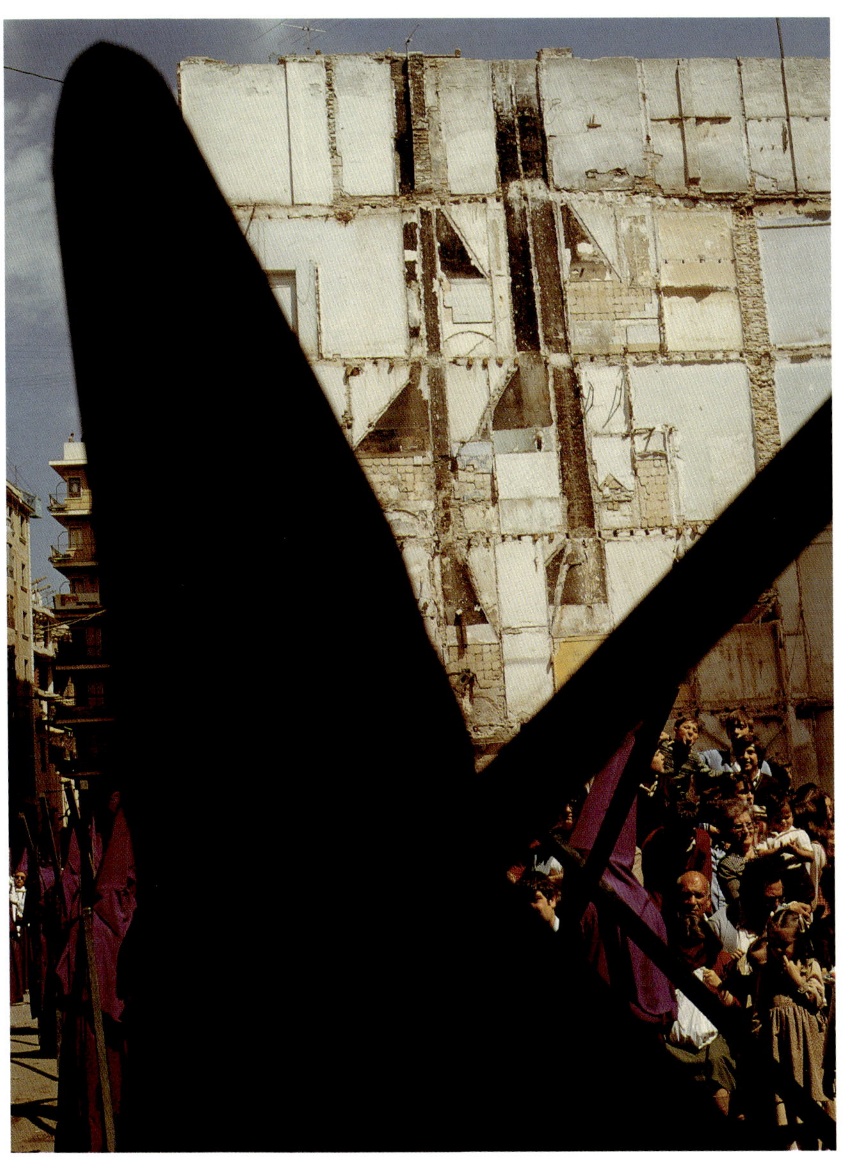

52. Murcia, 1982

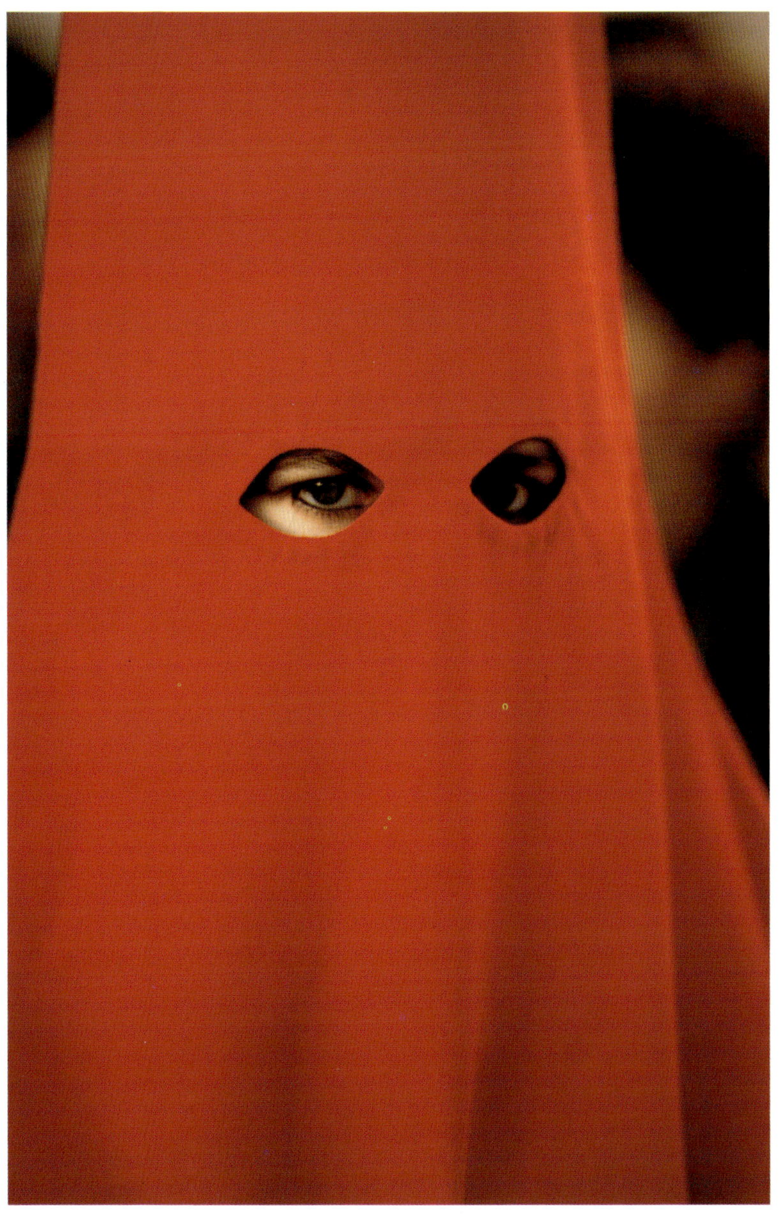

53. Sevilla, 1989

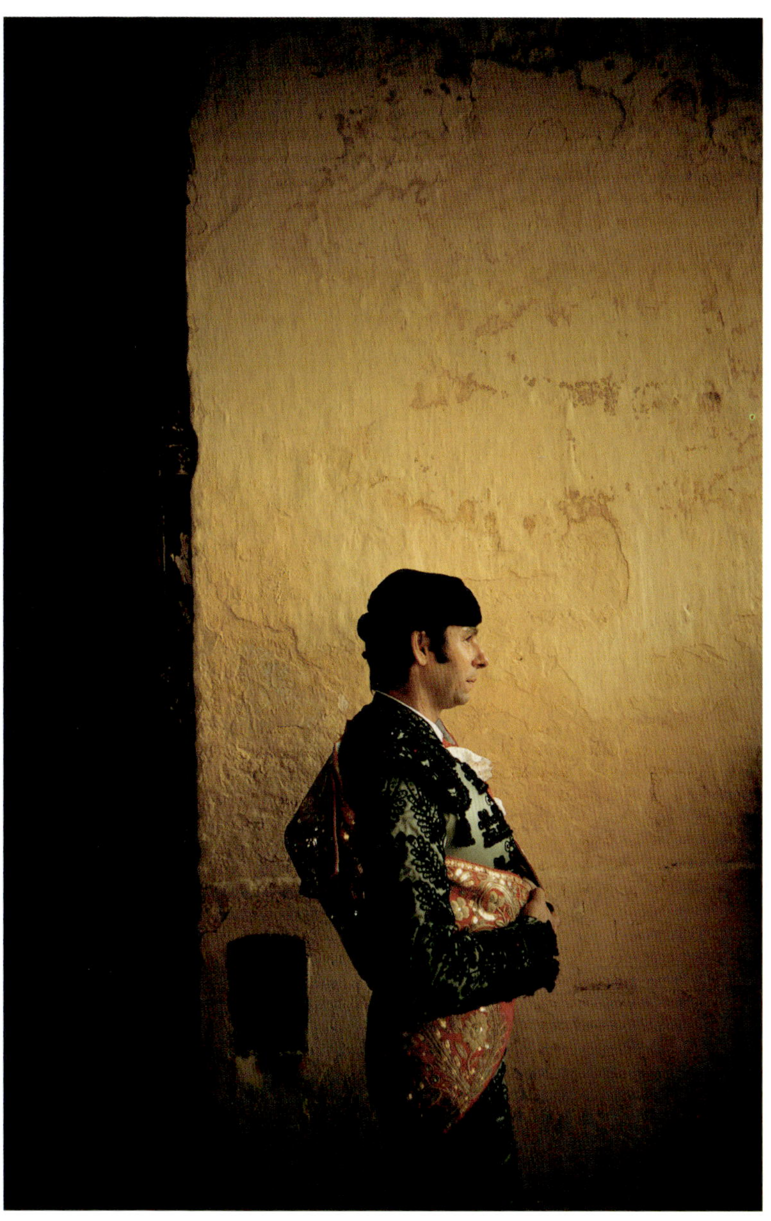

54. Sanlúcar de Barrameda, Cádiz, 1983

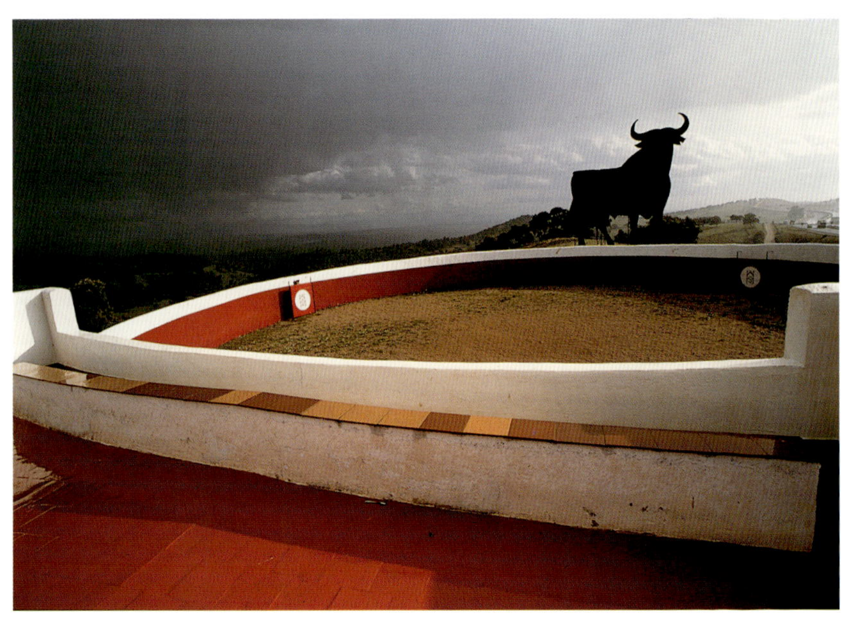

55. La Carolina, Jaén, 1997

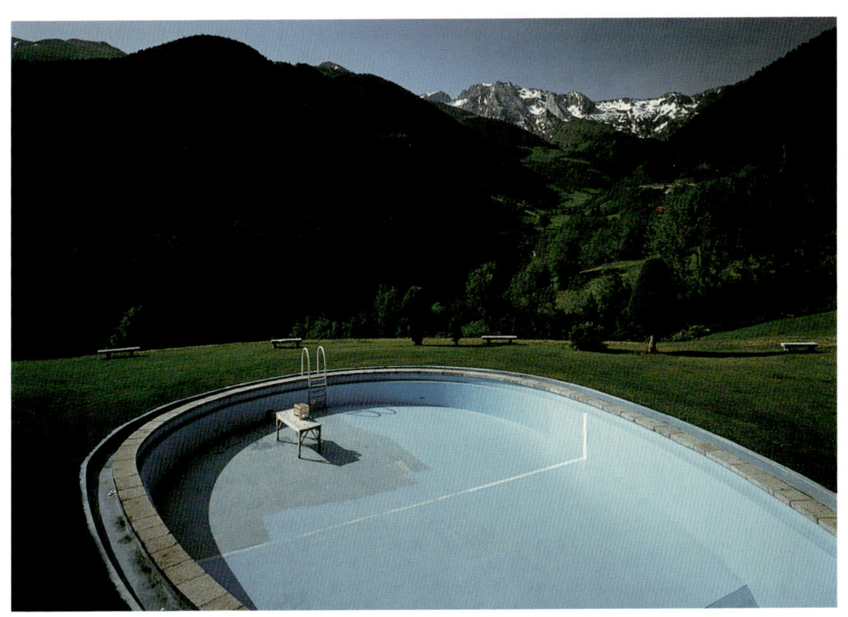

56. Vall d'Aran, Lleida, 1984

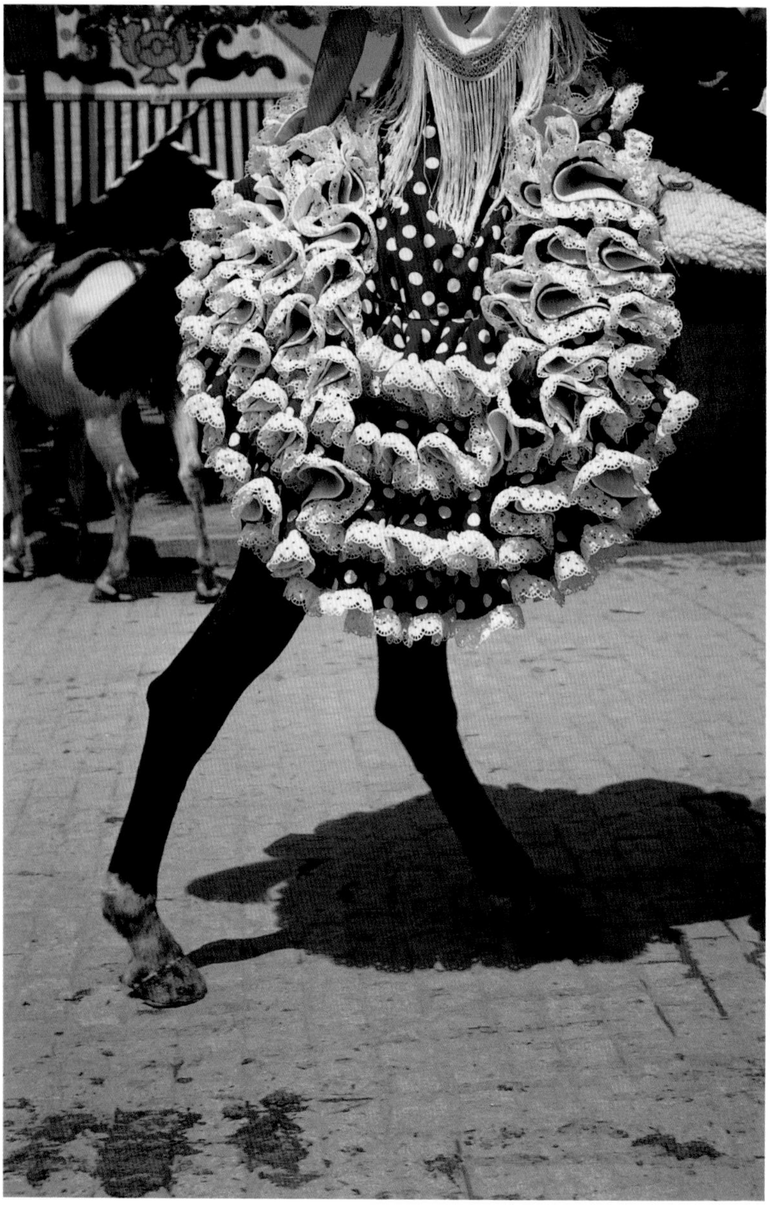

57. Sevilla, 1982

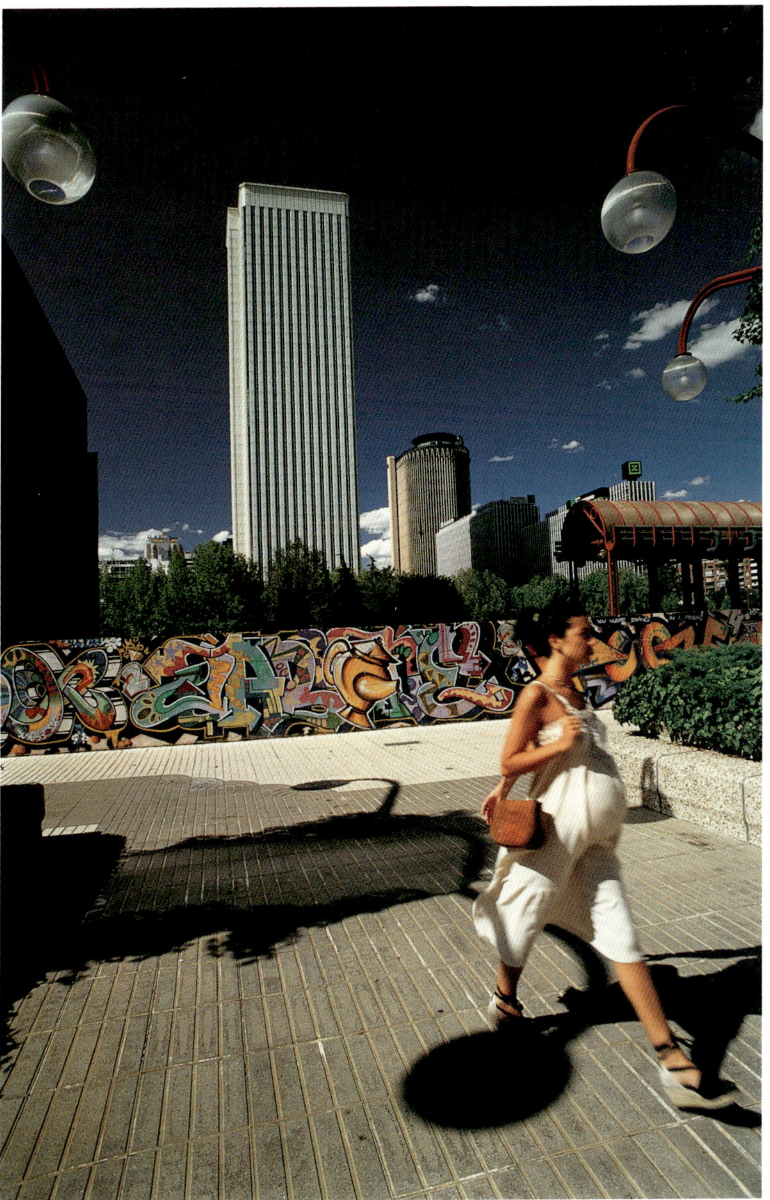

58. Madrid, 1995

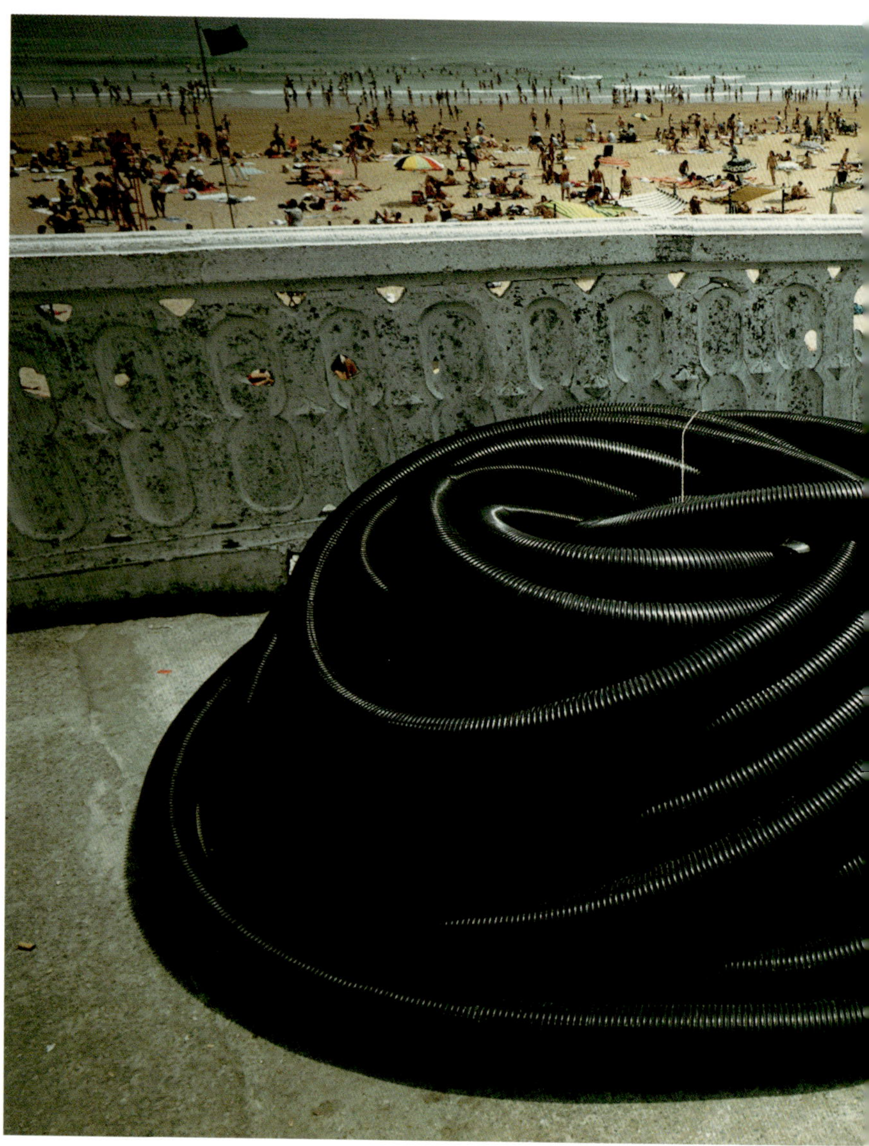

59. Santander, 1982

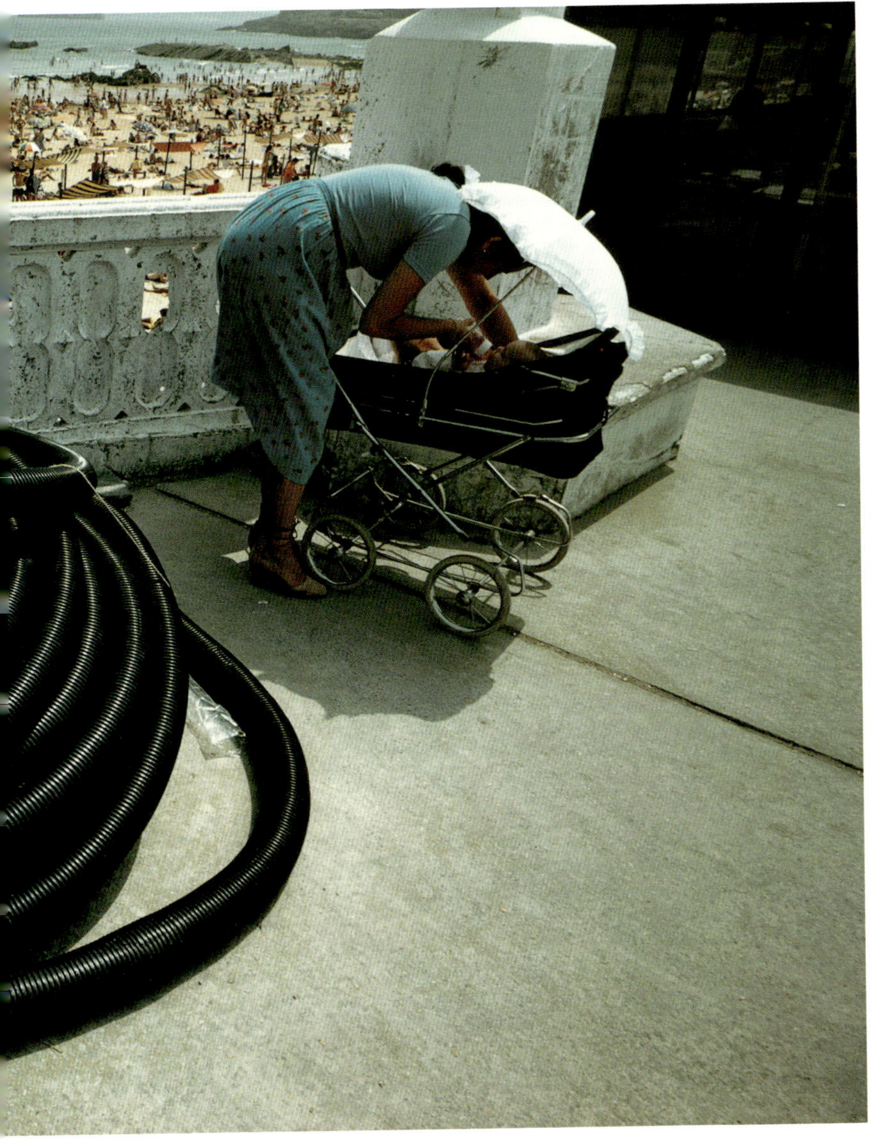

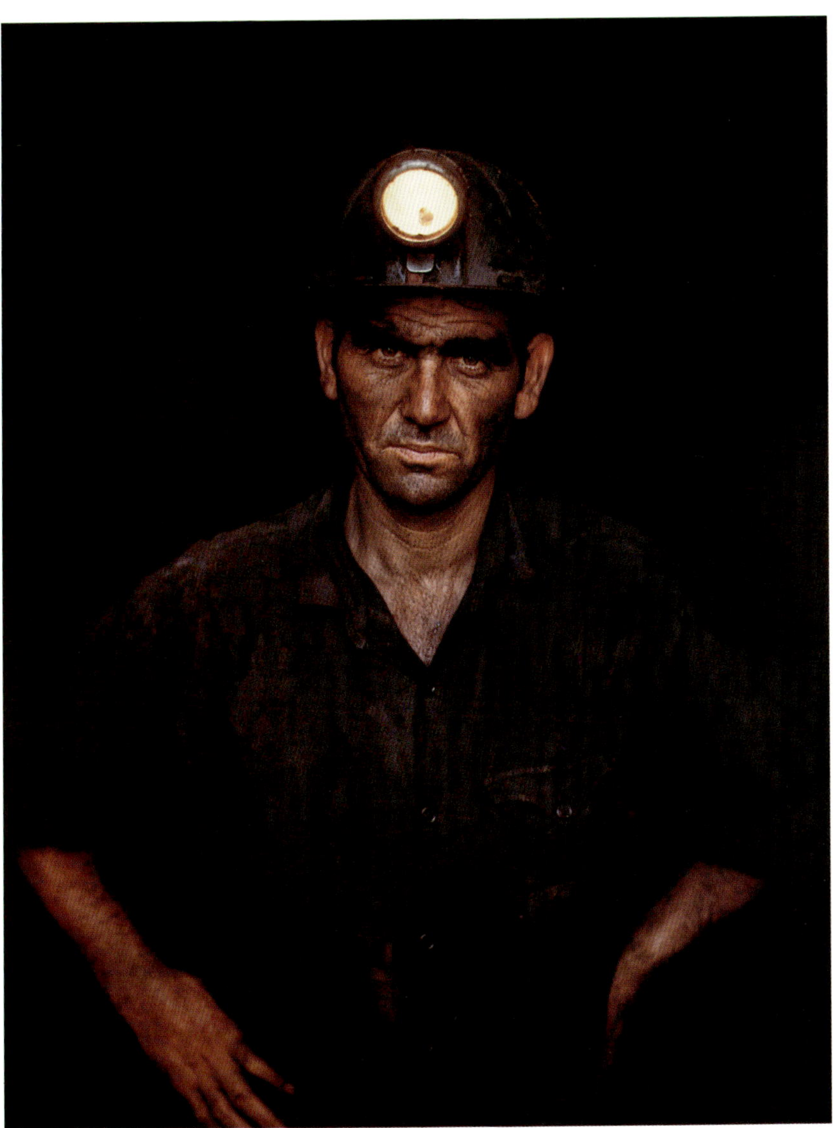

60. Asturias, 1982

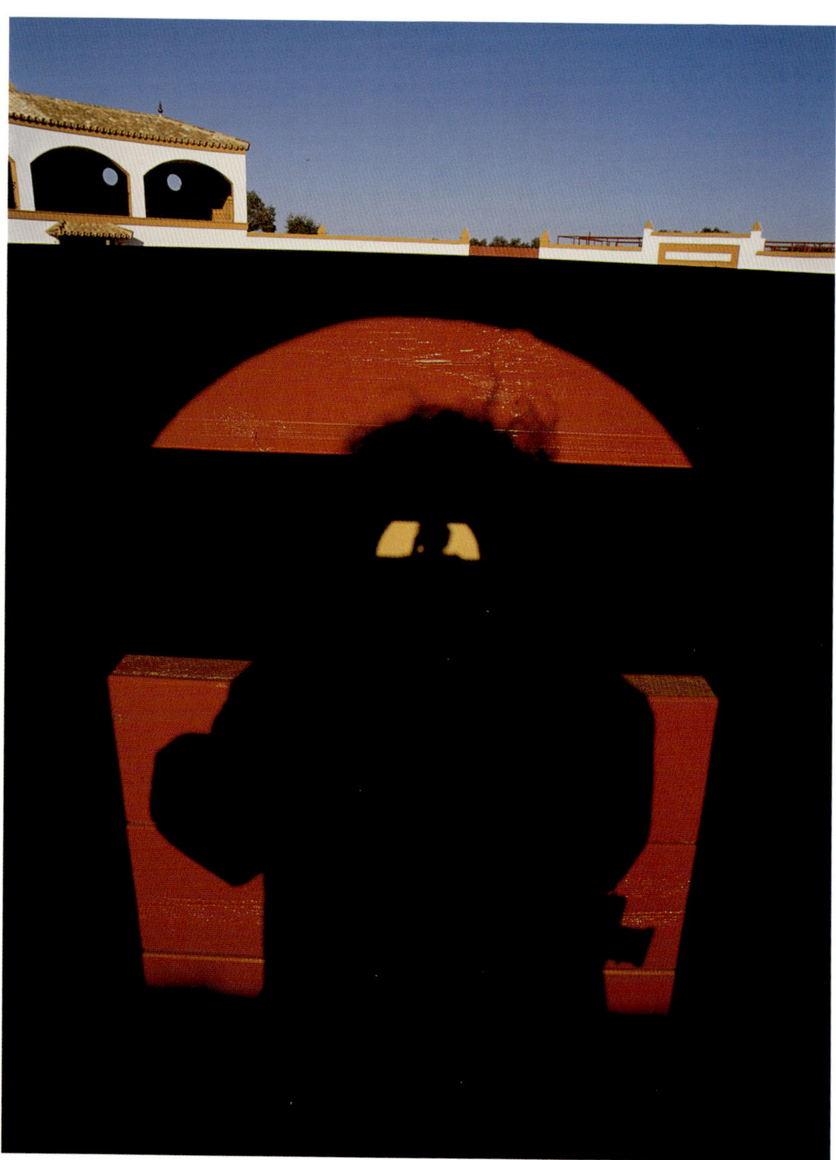

61. Autorretrato. Huelva, 1997

Cronología

Biografía

1931 Nace en Caldes de Montbui (Barcelona).

1953 Su trabajo sobre las Ramblas inicia el camino del reportaje puro.

1954 Ingresa en la Real Sociedad Fotográfica de Cataluña. Se inicia en la fotografía junto a fotógrafos de la talla de Xavier Miserachs y Ricard Terré, con los que expone por primera vez dos años más tarde.

1956 Recibe el premio Luis Navarro de Fotografía de Vanguardia.

1957 Se instala en Madrid y comienza a trabajar como reportero en la revista *Gaceta Ilustrada,* que le lleva a viajar por toda España. muestra su trabajo en la Real Sociedad Fotográfica, donde causa un gran impacto entre fotógrafos como Gabriel Cualladó, Gerardo Vielba o Paco Gómez. Junto a ellos, Masats crea el efímero grupo *La Palangana,* al que más tarde se incorporan Juan Dolcet, Rafael Romero y Gonzalo Juanes, representantes de lo que, más tarde, se denominaría Escuela de Madrid. Comienza a tomar imágenes de lo que luego sería su libro *Los Sanfermines.* Es invitado por Otto Steiner a la exposición «Images Inventèes», en Bruselas.

1956-63 Forma parte del Grupo Afal, cuyo órgano coordinador fue la revista *Afal,* creada en Almería, en los años 1956-1963. Comienza a colaborar en los diarios *Ya,* y *Arriba,* así como en la revista *Mundo Hispánico.* Recibe el Premio Negtor de Fotografía. Publica *Neutral Corner*, en la colección Palabra e Imagen de la editorial Lumen, un libro de fotografías que refleja el sórdido universo del boxeo, que incluye textos de Ignacio Aldecoa. Recibe un premio internacional en Inglaterra a la mejor foto de un rodaje cinematográfico por sus instantáneas de *El Cid, La Caída del Imperio Romano* y *55 días en Pekín.*
Publica *Los Sanfermines,* un ensayo fotográfico que inicia en 1955. Esta obra, básica en su carrera, se aleja del lenguaje fotográfico tradicional, rompiendo convencionalismos al uso y muestra una gran intuición y capacidad creadora.

1964 Tras la publicación este año de *Viejas Historias de Castilla La Vieja,* que incluye textos de Miguel Delibes, Masats alterna su trabajo fotográfico con una creciente dedicación al cine y a la televisión. Expone en la sala Juana Mordó junto a Carlos Saura.

1965 Inicia una intensa labor como director y realizador de documentales, obteniendo importantes galardones con los documentales *Los Ríos, El Prado vivo* o *El que enseña.*
Comienza a colaborar con TVE, realizando series como *Conozca usted España, Raíces* o *Vísperas de nuestro tiempo.*
Dirige el largometraje *Topical Spanish.*

1971 Inicia el rodaje de la serie *Raíces,* para Televisión Española y realiza los documentales *La España de los contrastes, Invierno en España* y *Un paraíso surgido de las aguas: Canarias.*

1970-80 Masats expone sus fotografías en numerosas muestras individuales y colectivas. Ha publicado su obra en la mayoría de las revistas especializadas.

1981 Regresa al mundo de la fotografía y comienza a publicar libros monográficos, el primero de ellos *Nuestro Madrid,* con textos de Luis Carandell.

Publica *España diversa* y coordina la serie *Tauromaquia,* para Televisión Española.

1985 Participa en la exposición colectiva «Fotografía catalana de los cincuenta», dentro del Mes de la Foto, en París.

1986 Edita los libros *Andalucía,* con textos de José Manuel Caballero Bonald y *Al-Andalus. El Islam en España.* Exposición individual con su obra en color, en el Ateneo de Madrid.

Publica *Del cielo a Madrid, Desde el cielo a España* y *Toro. Participa en la colectiva* «La Escuela de Madrid», en el MEAC de Madrid.

Publica la obra *Sevilla.*

1991 Exposiciones del Grupo Alfal, en Almería, y «Cuatro Direcciones», en Madrid.

Exposición «Panorama de la fotografía española de los años 50 y 60».

1993 Seleccionado para la exposición «Imatges escollides», de la colección de Gabriel Cualladó en el Instituto Valenciano de Arte Moderno.

Publica *Madrid, Madrid, Madrid.*

1999 Publicación de *Ramón Masats. Fotografías,* con motivo de le exposición retrospectiva del Círculo de Bellas Artes de Madrid, dentro del Festival Internacional de Fotografía PHotoEspaña 99.

Asimismo, sus fotografías han sido publicadas en diversos libros y catálogos colectivos, como *La familia europea* (1959, *Fotógrafos de la Escuela de Madrid* (1988), *Cuatro direcciones* (1991), *75 años de fotografía Leica* (1991) o *Grupo Afal* (1991).

Publio López Mondéjar

Desde 1980 Publio López Mondéjar publica libros, escribe en las mejores revistas y comisaría importantes exposiciones en el campo de la fotografía. Su trabajo más conocido es *Las fuentes de la memoria*, una recuperación de los archivos fotográficos españoles desde el siglo XIX hasta la actualidad. En total, ha publicado una decena de libros de fotografía, entre los que destacan *Retratos de la Vida* (1980) e *Historia de la fotografía en España* (1997); asimismo ha participado en la edición de libros colectivos como *Historia de la fotografía española en el siglo XX*. Publio López Mondéjar ha recibido diversos premios, entre ellos el Bartolomé Ros a la mejor trayectoria profesional española en la fotografía de PHotoEspaña 99.

Since 1980, Publio López Mondéjar has written several books on photography and articles for the most respected publications in the field, as well as organising a number of major exhibitions. His best known work is *Las fuentes de la memoria*, a selection culled from Spanish photography archives dating back to the 19th century. Among his dozen or so published titles are *Retratos de la vida* (1980) and *Historia de la fotografía en España* (1997). He has also contributed to standard reference works such as the *Historia de la fotografía española en el siglo XX*. Among other awards, Publio López Mondéjar received the Bartolomé Ros prize at PHotoEspaña 99 for the most distinguished Spanish contribution to the field.

Ramón Masats
Magic and Reality

Publio López Mondéjar

In the far-off year of 1957, in the middle of Spain's decades of silence, Ramón Masats Tartera had a first public showing of his photographs in the fusty exhibition rooms of the Agrupación Fotográfica de Cataluña, along with Ricard Terré and Xavier Miserachs. A far cry from the routine officialism of that day and age, the show made a considerable splash in photographic circles. Already in these early images, Masats was putting his special abilities to work in capturing what others could not quite manage to see or express. That much was evident in his first pictures of Barcelona. The emergence of a major photojournalist was plain for all to see, in all the fullness of his strength, intuition and determination. That same year, Otto Steiner, who was promoting what he called "Subjective Photography", invited Masats and Miserach to take part in the "Images Inventées" show in Brussels.

Two years afterwards, Masats, Miserachs and Terré once again held a joint show to inaugurate a famous cycle of photographic exhibitions in the Aixelá gallery. By that time, all three had fully found their respective voices to validate and differentiate their works. The influential critic J.S. Casademont wrote at the time "Masats is the obsession with purity. Even the most cursory look at his photographs makes it clear that his talents are those of the reporter in the purest sense of the word. Actually Masats never felt he had anything to learn from anyone, though in his earliest work the occasional faint echo of William Klein or Cartier-Bresson may be detected. The young photographer was fascinated by their work, especially that of the French master.

Born in Caldes de Montbui in 1931, Masats turned up in Barcelona in 1955 and that same year joined the Catalonian Photographic Society, one of the most vital centres of activity during the Franco period. He lost no time making friends among colleagues as disinclined as he was himself to submit to the dictates of routine and conformity: Xavier Miserachs, Ricard Terré, Oriol Maspons, or Julio Ubiña. Their defiant spirit brought them close to the AFAL group, the first to oppose the monopolistic hegemony of the official associations. Many years later, Miserachs would recall that "Masats landed in the world of photography literally by chance. While he was doing his military service, he won a Retina camera in a raffle. He began to fool around and experiment with it, got all caught up by the magic and came to the Agrupación with the idea of learning more. With no aesthetic training to speak of, he had the most remarkable instinct and vital sense of what it was all about. No theoretical prejudice ever came between him and reality. Never again have I come across anyone who was so quick a study in finding out exactly what a camera is good for". In addition to these qualities, Masats also evinced a bold self-confidence, a "nose" for the photographic opportunity and a sense of mischievous irony that was to become a hallmark in some of his best work.

Those young amateurs gradually came round to the view that photography was something more than just one of the decorative arts; they realised they need not have to spend their lives competing against each other for scarce prize money and trying to beat painting at its own game. Luckily they had the example of Català-Roca close at hand to inspire them. All this amounted to an authentic revolution in the context of the times, one that marked the closing of a cycle that had begun with the great photojournalists of the pre-Civil War period and a few bold realists such as Català-Pic who were the first to mount a concerted challenge to the pretentious pictorialism that flourished anew under Franco.

Masats was one of the first in this resilient little group to take the plunge and make a full-time career out of photography. His very first pictures make it clear he was gifted with a sure sense for capturing life's passing show. With none of the dilettante's redundancies, he was at pains never to intrude on reality, much less try to pretty it up or manipulate it. It was not long before he realised his life's vocation was photojournalism. He decided that his backdrop would be the cities, towns and villages of a Spain that was about to be transformed by the burst of relative prosperity arising from the Economic Stabilisation Reforms of 1959.

Masats became the great graphic chronicler of his generation, the one who brought the greatest amount of sheer talent to the task of documenting his country's fast-changing reality. Photojournalism, until then a somewhat despised sub-genre, suddenly became the cutting edge. Much of his most admired work dates from this early period, such as the well-known series on the running of the bulls in the "San Fermines". In a decisive break with traditional photography, Masats' creative abilities are here turned loose with an unfailing sense of what is photographically right. The "San Fermines" series has become a milestone in the history of Spanish photojournalism, thanks to unforgettable images like the dying bull panting out his last breaths in the vast solitude of the ring like a sculpture made of stone and blood, symbolising the emotion, the excitement, and the poignancy of death. Along with other photos such as "Woman Painting the Floor" (Tomelloso, 1960) "Seminarian" (Madrid, 1957) or "Gymnasium" (Madrid, 1962), the "San Fermines" series has claimed a place of honour in the universal history of photography. Another work from the same period is the splendid book *Neutral Corner* offering a seldom-seen inside view of the boxing world. It is one of Masats' most stirring, fully realised and impeccable works.

With a portfolio containing the earliest "San Fermines" photos under his arm, Masats arrived in Madrid one blustery autumn day in 1957. One look at its contents dazzled the members of what later came to be known as the School of Madrid. For a few months after that, he hung out with this crowd, especially with members like Gabriel Cualladó and Paco Gómez. Those were not auspicious times to be a photographer in Spain. Only a few publications such as Gaceta Ilustrada, Actualidad Española or the long-running Blanco y Negro were hoping to establish themselves as worthy successors to fondly remembered titles such as Revista or Destino, trying to keep up with what as being done in Life or Paris-Match. After a few sporadic appearances in Mundo Hispáico, Ya and Arriba, he went to work for Gaceta Ilustrada in 1958. His press work from that period and the impact of the *Sanfermines*, 1963) and *Neutral Corner* (1962) soon won him accolades as the best graphic reporter of his generation. It was an opinion echoed by film director Carlos Saura, who at that time was still hoping to make a name for himself a photographer. "Few photographers have made so deep and lasting an impression on me as Ramón Masats", Saura has written. "I do not think it would be wrong to say that his arrival on the scene marks the point where the entire concept of photo journalism in Spain was renewed, reworked and modernised. He is one of the century's great photographers and that is no exaggeration". He shows us a Spain that is seedy and down at heels, bewildered by the onslaught of mass tourism and the human haemorrhage of emigrants who scattered out all over Europe in search of jobs.

One of the most admirable aspects of Ramón Masats' photographs is that they show how much can be accomplished by a man simply going about his trade with sincerity and enthusiasm. His work is a stinging rebuff to all those puerile attempts to deny creative or artistic legitimacy to the professional photographer. As from 1965, Masats ventured into the world of cinema and television, where he has bequeathed us a number of excellent films such. In 1981, he once again turned all his attention exclusively to photography, although the editorial polices of the magazines required him to work almost exclusively in colour. His entire photographic output thus falls neatly into two separate periods.

In his recent works, the photographer's vision has undergone a process of purification and become more serene. Collections such as *Desde el cielo a España* (Lunwerg, 1988) or *Toro* (1998) leave no doubt as to this point. Many long-time admirers will find this serenity discomfiting and miss that old touch of subversive mischief in his passionately heterodox early work. But when that old passion breaks through the surface, the results can be truly overwhelming, such as the magical picture taken in Olvera in 1988 or the portrait of bullfighter Rafael de Paula that could do double duty as the devotional image of a paper saint.

All throughout these long years of exercising his talents to honest and prolific good effect, being a Catalan photographer in Madrid and a Madrid photographer when in Catalonia, Masats has never shed his penchant for solitude and keeping his distance from the professional "scene". No wonder that until quite recently, writers on photography and gallery owners had given his work somewhat short shrift. But that helps account for the impact of his recent shows above all, by the splendid retrospective held at Madrid's Círculo de Bellas Artes in 1999, that brought together a careful section of 150 works in black and white and colour. These are the luminous images of a Spain that was beginning to fade away even as his lens focused on it, and whose presence we are permitted to sense thanks to the this exemplary photographer who was granted the gift of sight.

Editado por/ Published by:
LA FÁBRICA

Esta colección es posible gracias al patrocinio
de Obra Social Caja Madrid / This collection is made possible
thanks to the collaboration of Obra Social Caja Madrid

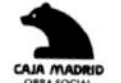

Director de la Biblioteca de Fotógrafos Españoles / Series editor:
Chema Conesa

Coordinador de la colección / Series coordinator:
Jorge Rodríguez del Álamo

Diseño original / Original design:
Grafica

Exposición / Exhibition:
PHotoGalería
Alameda, 9
28014 Madrid

Comisaria / Curator:
Myriam de Liniers

Fotomecánica / Photomechanics:
Lucam

Impresión / Printer:
Tf. Artes Gráficas

Copyright de las imágenes / Image copyright:
Ramón Masats

Copyright de los textos / Text copyright:
Publio López Mondéjar

Traducción de los textos / Text translation:
Robert Latona

Copyright de la presente edición / Present edition copyright:
La Fábrica

La Fábrica
Alameda, 9
28014 Madrid
Tel.: 34 913 60 13 20
Fax: 34 913 60 13 22
e-mail: lafabrica@lafabrica.com

El editor agradece la colaboración a

ISBN:
84-95471-04-3

Depósito legal:
M-6021-2000

Impreso en España / Printed in Spain

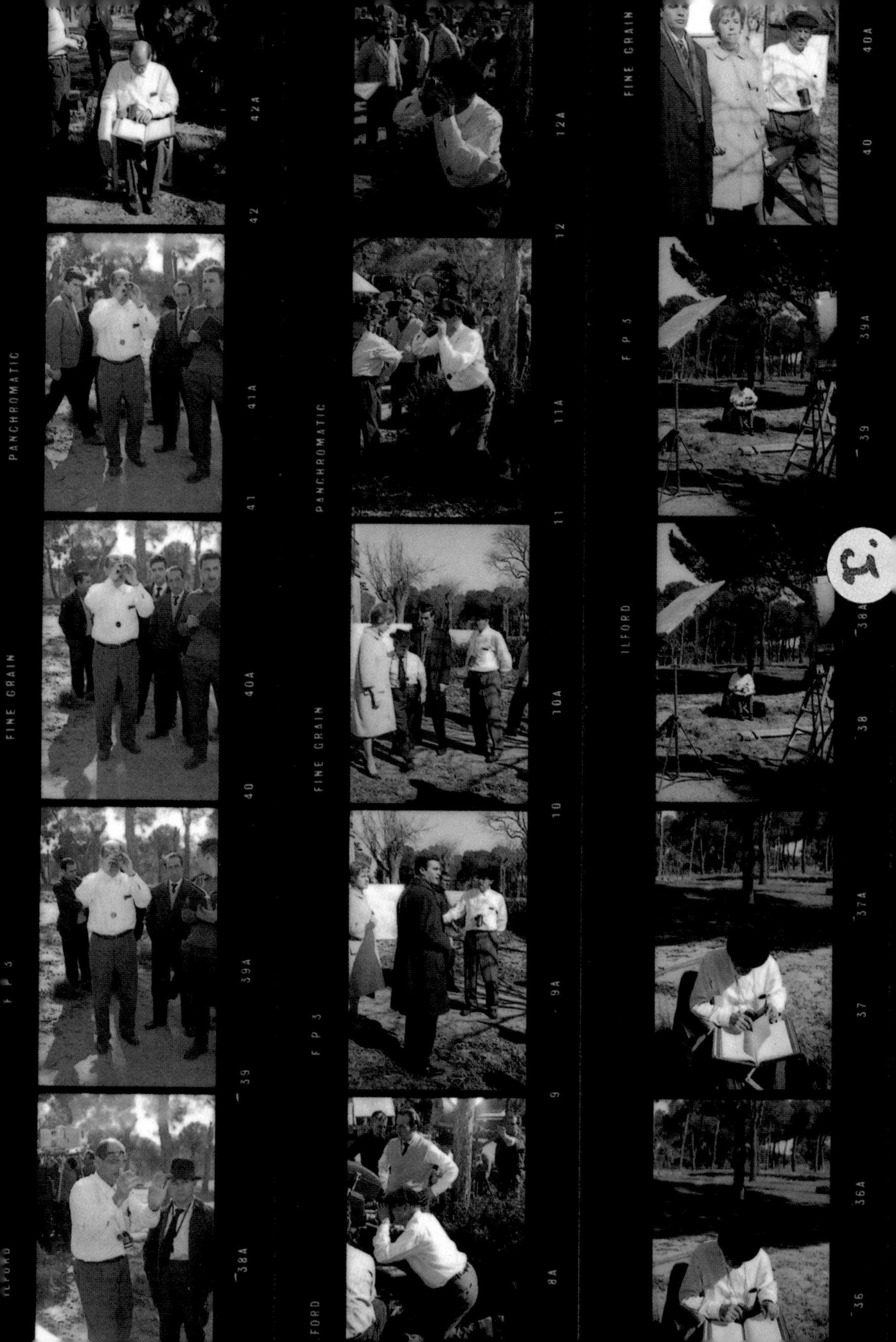